続・Fool on the SNS

—反ポストモダンに物申す—

仲正昌樹
Masaki Nakamasa

【編集部解題】

●本著、『続FOOL on the SNS――反ポストモダンにもの申す――』は、タイトル通り、前著『FOOL on the SNS――センセイハ憂鬱デアル――』の続編であり、弊社のブログ『月刊極北』(http://meigetu.net)に、二〇一六年一〇月二日～二〇一七年一一月一一日まで連載された著者の寄稿一四回分すべてをまとめたものである。本著同様、前著も合わせて手にしてくださることを期待したい。

●本著でも前著同様、人名を敢えて伏せるようなことをしなかった。その意図は既に前著【編集部解題】で触れたことだが、ヒトを斬ろうとする者は自らも斬られる覚悟が必要である。匿名・なりすましが横行し、自らは安全地帯に身を隠し、背後から人を斬る（ＳＮＳ空間の悪弊）は許されない。かかる著者の覚悟は本著においても健在である。

——目次——

学問の成り立ちを理解していない反ポモ人の夢想
―まえがきにかえて―
二〇一七年一一月一一日　8

「知性」を、知識の暗記量か、レスバトルの戦闘力だと思い込んでいる幸せな人たち
二〇一六年一〇月二日　20

「倫理学＝人生訓」というベタな勘違い
二〇一六年一一月二日　27

〇×脳の恐怖
二〇一六年一二月五日　36

ウヨク・サヨクの○✕
二〇一七年一月六日 43

自分の脳内陣取りゲームを現実と思い込み、「お前は追いつめられている!・俺がそう思うんだから間違いない!」、と絶叫するソーカル病患者たちの末期症状
二〇一七年二月五日 49

ポストモダンをめぐる大陰謀論
二〇一七年三月五日 68

偏狭な「敵/味方」思考で退化が進み、棲息域が狭まる反ポモ人たち
二〇一七年四月六日 82

「ポストモダン」と「ソーカル事件」に便乗して目立とうとする「山川賢一とその仲間」という寄生虫はどうやって生まれてきたのか?
二〇一七年五月八日 99
理解できない外国語の文法を恐るべき妄想力で変更する、驚異の反ポモ人間
——バカに限界はないのか?
二〇一七年六月二日 122
反知性主義で一味を集めようとする反ポモ集団(山川ブラザーズ)の浅ましさ
二〇一七年七月七日 146
日本的な反ポモ集団は、読解力の低さによって〝結束〟しているのか?——山川ブラザーズの甘えの構造
二〇一七年八月一日 153

文脈が読めないがゆえに、全て自分に都合よく見えてしまう、お粗末な「反ポストモダン」脳――「disる／disらない」の単純二分法でしか考えられない山川ブラザーズの壮大な陰謀論
二〇一七年九月二日 166

山川ブラザーズが、「バルト＝ブランク・スレート」説を論文にして発表しようとしないのは何故なのか？
二〇一七年一〇月八日 191

――まえがきにかえて――

学問の成り立ちを理解していない反ポモ人の夢想

二〇一七年一一月一一日

本著で何度も述べているように、山川ブラザーズ（前著『FOOL on the SNS』一三七頁及び本著六一頁、九九頁、一三八頁等を参照）を始めとする、ネット上の反ポストモダンの集団は、〝ポストモダン系〟の思想についていくつかの前提を、もはや証明する必要のない自明の理と見なしたうえで、〝ポモ〟批判を展開しようとする。

「ソーカル事件を通して、ポモがいい加減な数学知識に基づいて展開されており、学問の体をなしていないことが暴露された」（本著四九頁～等を参照）とか、**「ポモはほぼ例外なく、ブランク・スレート説や、その言語学への応用であるウォーフの仮説を信奉しており、スティーヴン・ピンカー（一九五四～）のブランク・スレート説批判によって、その理論的前提が崩壊した」「追い詰められたポモは必死になって見苦しい言い訳を言い続けている」**（本著六八頁～等を参照）

といった前提である。こういうのは、あまりにも漠然としているので検証不可能――ポパーの用語で言うと、反証不可能――であるが、本人たちにとってはもはや疑問の余地を許さない真実になっているようなので、それを否定する主旨の発言をする人間は、「見苦しい言い訳をしている奴」になってしまうようである。まるで森友学園問題や加計学園問題で、安倍内閣を追及している野党やマスコミのような調子である。既に決着済みの問題であり、言い訳は一切許さないという調子だ。

中には、私が本著で、山川ブラザーズの理解する意味での〝ソーカル事件〟や〝ブランク・スレート説問題〟に対して異議を唱えていること自体が道化的行為であり、私自身の学者としての実績に泥を塗るようなものだ、と私に説教しようという奴もいる。一体何様のつもりなのだろうか、どこかの学会の大御所にでもなったつもりか、と言いたくなる。

しかし、本著で何度も述べているように、**反ポモ祭りで盛り上がっている連中のほとんどは、「ポモがインチキ数学・物理学に依拠している」、云々という以前に、各学問分野の成り立ち、各分野ごとの評価の仕組み、学者のリクルート・システムなどについて基礎的な常識を欠いている。常識がないので、プロの（まともな）学者からすると到底あり得ないようなことを、自明の理として堂々と語ってのける。**

例えば、本著に度々登場する、山川ブラザーズのような輩にネットで派手に悪口を言われたからといって、終身雇用されている大学教員が首になったり、学内での立場が悪くなるなどということはあり得ない、従って、私のような〝ポモ学者〟が必死に言い訳しなければならない理由もない――ということを繰り返し述べたが、ブラザーズはそれを信じようとしない。むしろ、そういうことを私が本著で書いていること自体が、追い詰められている証拠だと強弁する。

どうしても、自分たちが追い詰めている側で、私が追い詰められている側だということにしないと気がすまないらしい。この連中は、〝反論〟するのは、追い詰められている証拠だと思っているのだろうか？　だったら、誰から頼まれたのでもないのに、ポモ学者と名指しした人の発言に執拗に難癖をつけ続け、信用を失墜させようとしている自分たちこそ、追い詰められているとふつうは思いそうなものである。もしかすると、自分たちがいろんな面で追い詰められているので、それを私のような〝ポモ論客〟に投影しているのかも知れない。

この件で自称社会学者・大学教員の尾上正人という男が、「大学教員の終身雇用の話しは関係ない。ポモの後継者を大学業界に残せるかどうか瀬戸際の状況だということだ」、などとツブヤいていた。

こいつは正気なのだろうか？　自分の脳内で、勝手にポモ業界地図を描いているとしか思えない。そもそも、「関係ない」というのは、誰にとってどう関係ないということなのか？

少なくとも、私にとっては、自分がクビになる／ならないに比べたら、〝ポストモダン思想の行く末〟などどうでもいい話である。**私には、一般に〝ポストモダン系思想〟と呼ばれているものの以外に研究対象はいろいろあるし、繰り返し述べているように、〝ポストモダン〟というのは、一九六〇年代以降に台頭してきたフランスを中心とした哲学・文芸批評のトレンドを総括する名称にすぎないので、名称のことなど最初から大した問題ではない。山川や祭谷、ほしみんなど（山川ブラザーズ）が、自分たちのいい加減な〝ポモ知識〟と関連付けて、私や千葉雅也氏等の悪口を言いふらしていることを問題にしているだけである。**

そもそも後継者問題を気にするのは、精々、東大、京大、早稲田などの有力大学で、それなりに由緒あるポストを継承している教授だけだろう。地方国立大の教員にすぎない私にとっては、誰がどのポストを継承するのかというのは、基本的にどうでもいい話である。

しかも、哲学とか倫理学とかはっきりしたディシプリンのある領域と違って、「ポストモダン」というのはかなり漠然とした括りにすぎない。「私はポストモダン学者なので、私の後継者もポストモダン系にしないといけない」、というような拘りを持っている学者が果たして実在するのかさえ疑問である。

ポストモダン系のポストと呼べるものがあるとすれば、東大駒場の表象文化論や言語情報科学などに関連する、ごく限られたポストに就いている数名、多くて十名くらいの文学・思想系の教員のそれだろうが、その人たちが「ポストモダン」系という雑な括りで後継者問題を考えているのかどうか本人たちに聞いてみないと分からない。

ごく常識的に考えて、フーコーについて研究している人が、自分の後任にその研究を引き継いでほしいという程度のことは思っているかもしれないが、「ポストモダン」思想全般の擁護者になってほしい、などと考えるだろうか？

「後継者問題をめぐるポモの悪あがき」のような現象が本当にあるとすれば、教育社会学的に興味深いテーマである。〝社会学者〟であれば、私のように後継者問題にほど遠い人間に粘着して目立とうなどとしないで、「ポモ・ポスト」に就いている人たちに対してちゃんと聴き取り調査をすべきである。

そういうことをやる意志も能力もないくせに、安直な反ポモ・ツイートを続けるようであれば、やはり、ただの自称社会学者である。他の山川ブラザーズの面々も、本気で、ポモ必死説を主張したいのであれば、きちんと検証してみるべきだろう。

学問基礎論的な話もしておこう。ソーカル問題が〝ポストモダン思想〟と称されているものの本質とはあまり関係ないということについては、『FOOl on the SNS』や本著でも何度も触れているので、「ブランク・スレート」説問題に話を絞ることにしよう。

これについても部分的には何度か言及したが、（本著一五三頁〜も参照）ここで学問基礎論的な観点から改めて論点を整理しておきたい。

先ず、「ポストモダン思想がブランク・スレート説に依拠している」、という山川や祭谷、ほしみん等の言い分であるが、ブランク・スレート説というのが具体的にどういう説で、ポストモダン系と呼ばれている思想家の内の誰のどういう主張がそれに該当するのか特定しない限り、漠然とすぎていて、意味をなさない。

彼らは、スティーヴン・ピンカーがそう示唆していることを金科玉条のようにしているが、ピンカーは心理学者もしくは認知科学者であって、全ての学問のことを知っている、学問の神様ではない。

ピンカーの議論自体が、哲学や芸術論に関しては、かなり藁人形論法ぎみになっているが、山川等はそれを更にかなり薄めているので、どこに焦点があるのか分からなくなっている。

まるで、差別主義者とかオカルト信奉者というレッテルを貼って、相手の発言を封じ込めようとするかのように、「ブランク・スレート」説という言葉を乱発しているが、その説を取ることは犯罪的なことなのか？　どういう議論をしたらブランク・スレート説を信奉していることになるのか？　山川は、「差異」とか「（言語あるいは記号の）恣意性」といった言葉を肯定的に使うと、「ブランク・スレート」説を信奉していることになると考えているようだが、それではあまりにも漠然としていて、まともな議論はできない。

仮に「ブランク・スレート」説というのが、人間の「心」が文字通り白紙であり、人間の認識や欲求はいかようにでも変化し得る、というような学説であるとすれば、よく〝ポモ系〟として名前の挙がる、ラカン、バルト、リオタール、フーコー、ボードリヤール、ドゥルーズ、ガタリ、デリダ、クリステヴァの誰も、それに当てはまらない。そうした明確な主張を彼らのテクストから見つけ出すのはほぼ不可能であろう。

無論、山川や祭谷のように、どういう意味なのか本当のところよく分からないが、何となく、「何でもあり」だと言っているように見える断片を見つけてきて、「これが証拠だ！」、と決め付けて騒ぐだけなら難しくない。

しかし、生命体としての人間が、どのように対象を知覚し、(再)構成するかというのは、基本的には、認知科学や心理学の問題であり、彼らの内の誰もそうした領域で仕事をしていない。哲学と自然科学が完全に分離していなかったロックやカントの時代には、哲学者が知覚のメカニズムを研究していたが、現代では、実証的な研究は、認知科学などが担っており、哲学の一部——分析哲学の「心の哲学」など——が、そうした探究の基礎になる概念的枠組みを精密化したり、正当化するといったメタ・レベルの仕事をしているだけだ。

特にバルトは、文芸・芸術批評や記号論をメインフィールドにしているので、認知科学的な問題には基本的に関与していないし、文芸批評をする際に、「テクストの認識や意志形成の枠組みが先天的に規定されているかどうか」についての判断を前提にする必要はない。作者の個人的伝記に即した批評であれ、歴史的に形成されてきた思想に基づく批評であれ、テクストの形式面からの批評であれ、生物学的な次元での「心」の在り方を前提にしなくても、十分に成立する。

名古屋大学の大学院でバルトに関する研究をしたということになっている山川は、そんな基本的——学部生レベルでの「基本」という意味である——なことは理解していてしかるべきだが、彼は、ピンカー先生がバルトをブランク・スレート説論者扱いしていることを金科玉条にして、バルトがブランク・スレート説だと言い張ってきかない。

だから私は、本当にその点に自信があるなら、どうしてそう確信するに至ったか、きちんとした資料に基づいて実証し、論文にして発表すべきだ、本当に実証できるのであれば、博士論文として提出すべきだ、と呼びかけているのだが（本著一七四頁〜等）、山川等は無視を決め込んでいる。

自称社会学者は、バルトの専門家は、バルト愛が強いので、どうせ論文として受理してくれないだろう、などと適当なことを言って山川をかばっているが、こいつは、これまで〝学者〟としてどういう教育を受けてきたのだろう？　こいつの属していた研究室では、全てがコネで決まっていたのだろうか？

テクストに基づいたちゃんとした論証であれば、自分が強く依拠している思想家や理論家を根本的に批判するような論文であっても、受け入れてくれる学者や、大学院のコースはいくらでもある。バルトと認識論の組み合わせに関する論文であれば、仏文か哲学、あるいは、記号論、芸術論関係のコースであれば、受理してもらえる可能性があるし、これらの領域には、いわゆる〝ポモ〟に対して批判的、あるいは中立的な立場の学者もたくさんいる。

世間的に〝ポモ〟と呼ばれている学者でも、〝ポモ批判〟的な論文を本気で歓迎する人は少なくない。フーコーは評価するがデリダは評価しないとか、ドゥルーズとガタリを分けて評価すべきだと主張しているとか、いろんな立場がある。本気で論証する意志と能力があれば、審査員を引き受けてくれる人はいるはずだ。

因みに私は大学院時代に、ドイツ・ロマン派の批評理論・詩学をデリダ的な視点から再解釈するという研究をやったが、直接的に指導を受けた、ドイツの思想史や文学を専門とする先生たちは、どちらかというと〝反ポモ〟――というより、反フレンチ・セオリー――的な態度を取っていたにも拘らず、論文の審査を受けるうえで何の支障もなかった。

文学や思想史を専攻にしている現役の大学教員で、〝ポモ系〟のことをやっているせいでいじめられたとか、逆に優遇されたという経験のある人は、ほとんどいないだろう――自分の不遇を、ポモ／反ポモのせいにする、売れない学者とか院生崩れならかなりいそうである。

「ブランク・スレート」説と各専門領域の関係に話を戻そう。歴史社会学的・解釈学的な仕事をしているフーコーや、消費社会についての記号論的な分析をしているボードリヤールも、ごく普通に考えて、認知科学的なレベルでの議論はしていない。

デリダやリオタールは哲学者であるが、言説やテクストの相互関係や、そこでの意味の生成や変容を捉えようとしているのであって、それらが人間の認知メカニズムに直接基因するかどうかを論じているわけではない。

このことは、本著一五三頁～で指摘しておいたのだが、山川等は理解しなかった、というより、理解しようとしなかった。ドゥルーズ（哲学）やクリステヴァ（文芸批評・記号論）の仕事の大半も、記号と意味、及びそこに関わる権力作用をめぐるものであって、「心」が空白であるか否かに左右されるものではない。

山川等は、ソシュールの構造主義とブランク・スレート説が関係していると思い込んでいるようだが、それはほとんど根拠のない話である。恐らく、ソシュールの言っている「恣意性」が、「ブランク・スレート」説っぽいと思っているのだろうが、それはあくまで、「意味するもの」と「意味されるもの」の特定の結び付きに必然性がないということであって、それ以上でも以下でもない――「意味するもの／意味されるもの」については、構造主義の入門書を参照して頂きたい。

初期のデリダは、両者の結び付きが、語る主体あるいは書く主体の意図とは無関係にズレていくという事実に注目し、その意義について論じているわけだが、それも「心」の生物学的な在り方とは関係なく成り立つ論である。

構造主義的精神分析の開拓者であるラカンや、同じ精神科医で彼の仕事を批判的に継承しようとしたガタリ、同じくラカンの構造主義を乗り越えようとしたドゥルーズやクリステヴァの仕事の一部は、認知科学や心理学と無関係とは言えないが、彼らの議論は、人間の生物学的な特性や発達過程を直接的に問題にしているというよりは、それをどう解釈し、意味付けするかというメタ・レベルに関わるものである。

通常理解されている意味での、ラカンの構造主義は、「鏡像段階」とか、「想像界／象徴界／現実界」、「対象ａ」など、人間の「無意識」を根底から規定している構造があることを前提に展開されているので、むしろ、反ブランク・スレート説的な立場と見ることもできる——ラカンは、前期／中期／後期で議論の枠組みが大きく変わっているので、「ラカンを批判する」という場合、どの段階のラカンに対する批判か特定しないと、無意味になる。

これは、構造主義的文化人類学者であるレヴィ＝ストロースの議論についても言えることである。無論、ラカンやレヴィ＝ストロースの想定する「構造」を批判することはできるし、実際、（ポモ／反ポモなどという雑な区分とは関係なく）様々な立場からなされてきたが、「ブランク・スレート説」だからということで〝批判〟するのは見当外れである。

「構造主義」と「ブランク・スレート」説が結び付いているというのであれば、「ピンカー様が言っていた……」ということではなくて、どういう風に繋がっているのか、それは構造主義と呼ばれているもの全てに当てはまるのか、構造主義言語学あるいは構造主義的精神分析に限定した話なのか、アルチュセールの構造主義的マルクス主義やバルトの構造主義を応用した批評も含むのか、具体的に説明する必要がある。

ラカンの構造主義を超えることを目指したという意味で、「ポスト構造主義」と呼ばれることもあるドゥルーズ、ガタリ、クリステヴァ——反レヴィ＝ストロースという意味では、デリダも部分的に含まれる——の議論は、一見すると、〝無構造〟の主張という意味で、ブランク・スレート説的に見える。

しかし、そのように断じてしまうのは、彼らのテクストを実際に読まないで、ポケット版の哲学事典的なものでの要約を見ただけの人間のリアクションである——山川等は、そもそも構造主義とそれを乗り越えようとする議論の区別をしないで、フランス系の流行っていそうな思想を全部ひっくるめて〝ポモ〟と呼んでいる。

ドゥルーズ＋ガタリのテクストでは、「構造」の代わりに、「欲望機械」とか「器官なき身体」「総合」といった概念が登場する。これらは、個人の想像力次第でどうにでも変化させることのできるようなものではなく、むしろ、各人を、その意識の在り方とは関係なく規定し続けるものである。クリステヴァの〈le sémiotique〉や〈abjection〉もそうした意味での、不変性を具えている。

〝ポモ〟と呼ばれている人たちが、どういう性質を持ったジャンルで、どういう議論をしているかきちんと確認していけば、彼らがことごとく「ブランク・スレート」説なるものを主張している、という山川等の言い分が、あまりにも雑で、無意味であることが分かるはずである——そしてインチキ数学らしきものも、彼らの主要著作にはほとんど出てこないことも分かるはずである。

無論、欲動をめぐるドゥルーズの議論の一部が、結果的に、ピンカーが依拠している認知科学的な知見に反する、というようなことはあるかもしれない。そういう箇所を具体的に指摘するのであれば、ある程度、生産的な議論はできるかもしれないが、山川等はひたすら、「いや、ピンカー先生がポモはブランク・スレート説だとおっしゃっている」だけで押し通そうとして、自分の頭で考えようとしない。

具体的にどういう箇所で出てくるどういう言明か特定しないと、そもそも本当に、〝ブランク・スレート〟説と関係した主張なのか、表面的にちょっとかじっただけの人間の勘違いかも知れないし、その確認すらできないではないか。

山川ブラザーズが大好きな、「○○学派は△△主義だ。△△は□□に論破されてもう終わった」、というような物言いは、大学で学問を習い始めて調子に乗っている学部生が口にしたがることである。

ほとんどの場合、単なる知ったかぶり、強がりである。まともな学生であれば、一年か二年勉強を続けている内に、「あれは、受け売りの学会トレンド情報による、雑な物言いだった。個々の理論家の個別のテクストを読もうとしないで、分かったつもりになっていた自分がバカだった」、と気づくはずである。

院生になっても相変わらず、同じような物言いをして、一人悦に入っているような輩は、研究者になる資質はない。間違って、研究者になってしまったら、周りの人に迷惑をかけるので、さっさと辞めるべきである。中年の自称〝ネット論客〟がそういう言動によって、周囲の注目を集めようとし続けるのであれば、もはや廃人である。

「知性」を、知識の暗記量か、レスバトルの戦闘力だと思い込んでいる幸せな人たち

二〇一六年一〇月二日

前著で何回か言及してきたように、学者・知識人をバカにしたり、対抗して〝知識〟自慢したがる人たちは、どれだけマメ知識を暗記しているかが、その人の「知性」の水準だと思い込んでいるふしがある。そのため、「〇〇年に▽▽が□□した」といった年表的な知識とか、英単語や熟語、数学の解の公式、化学の反応式のようなものを正確に覚えているかどうかのクイズによって、どちらが頭が良いかを決めようとしたがる。いつまでも受験勉強の癖が抜けないのと、テレビのクイズ番組や、趣味の世界のトリビア知識の自慢をし合うオタク文化の影響で、そういう発想になってしまうのだろう。

クイズ脳の〝愚〟

言うまでもなく、まともな学者・知識人であれば、暗記している知識の量が「知性」の水準などとは考えていない。解答に辿り着くまでの学問的に妥当な手順を心得ていることが、学者にとって

の「知性」である。だから、哲学者がカントの有名なフレーズを正確に覚えていなくても、特に恥じる必要はない。そのフレーズが使われている箇所が大体わかっていればよい。無論、正確に暗記できていればそれに越したことはないが、カント研究をする学者の必須条件ではない。

むしろ、そのフレーズがどういう意味で使われているのか、カントのテクスト全体の中での位置付けや、先行研究を踏まえて、確定するための文献学的手順を心得ていることの方が遥かに重要である。そうした「学問的に意味のある問題」で、きちんと手順を踏まえて、答えを出そうとすれば、それなりに時間がかかる。

学会の通説になっているようなことでも、きちんと確認したうえで、答えようとすると、時間がかかる。小学校の算数のように、単純な答えにならないことの方が多い。だから、まっとうな学者は、クイズ・バトルのようなものは無意味だと分かっているので、クイズ・バトル的なことをしたがる、暗記バカなど相手にしたくない。クイズ脳の暗記バカにはそれが分からないので、「学者のくせに、こんなことも知らないなんて、やはり偽学者だ！」、と騒ぐ。

ネット検索の陥穽《おとしあな》

これと密接に関連する問題として、ネット検索をどう利用するかということがある。嫌儲板など、2ちゃんねるの特定の板に常駐している人たちには、ネット検索で、その言葉やフレーズの意味が出てくれれば、それで〝分かった〟ことになると思い込んでいる人が多い。

前著で何度か触れたように、著名人の生没年とか大事件のあった日時とかであれば、wikipedia情報で十分であるが、「ケインズVS.ハイエク論争では何が焦点になったか?」とか、「ハーサニはどういう観点からロールズの原初状態論を批判したか?」、といった学問的な内容に関しては、(何語版であれ)wikipediaの記述をそのまま信用することはできない。

ネット検索して、参照すべき原典や詳しい解説論文が見つかることもあるが、何がそれに当たるか見極めることができないといけない。ネットでは、孫引きの孫引きの孫引きくらいの情報しかないので、原典に当たらないといけない、と判明することもある。その場合、関連する原典がどれで、その正式タイトルが何で、それを所蔵しているのがどの図書館や文書館かを、探り当てないといけない。

2ちゃんねらーなどには、そうした判別ができないので、GoogleやYahoo!の単純な検索で、自分の眼に入ってくるものが全てだと思ってしまう。関連する重要文献、あるいは、そういう文献の存在を示唆するヒントが検索で出てきても、関連性が理解できないので見過ごしてしまう。そういう人は、ネット検索をすればするほど世界が狭くなる。

受験は〝所詮受験〟

また、高校までの学校で単純化して習う知識も、自分が丸暗記したままの形で応用しようとすると、おかしなことになることが多々あるが、受験ークイズ脳人間はそれに気付かない。受験の時に習った生半可な知識に基づいて、学者の発言を批判しようとするイタイ奴がいる。

日本でもベストセラーになったマイケル・サンデルの正義論の教科書の邦訳タイトルは、『これからの「正義」の話をしよう』であるが、原題は結構ニュアンスが違う。《JUSTICE:What's the Right Thing to Do?》直訳すると、「正義：なすべき正しいことは何か？」となる。「これからの〜」というのは、正義観の革命的変化のようなものを何となく暗示して、注目を集めるための付け足しである。

そういうことをある所で書いたら、物知りぶったブロガーが、「英語のto不定詞には未来の意味がある。そのことは、大学受験で定評のある●●の参考書の◆◆頁に書いてある。仲正先生は、知性の正しいあり方について語りながら、高校受験レベルのミスをしている。恥ずかしい」、ということを恥ずかし気もなく書き込んだ。

こういう中学レベルの国語力のなさと英会話の経験のなさが複合した勘違いをされると、どこから訂正してやっていいのか分からない。しかし、その後、同じようなことを言っている人間に他でも出くわして、うんざりしたので、半ば無駄だと承知しつつ、どうおかしいかできるだけ分かりやすく説明しておこう。

まず、〝I want to 〜〟とか〝I am going to 〜〟といった用法に見られるように、to不定詞が未来の意味を帯びていることは少なくないが、絶対に未来を指しているわけではない。〝To err is human, to forgive divine.〟のような格言の場合は、明らかに時制を帯びていない。〝What's the Right Thing to Do?〟は、何かの究極の選択を迫られている緊迫した状況で語られるのであれば、未来の意味を帯びてくるが、副タイトルの文からだけでは、そこまでは読み取れない。

本の中で、トロッコ問題など緊迫した状況での「正しい判断」について問いかける例題も出てくるので、そうした意味合いが込められていると深読みできなくもないが、「これからの『正義』〜」という日本語は、明らかにそれとは違うことを暗示している。従来通用していた正義論、正義観が覆され、サンデル等の提唱する新しい「正義」が、未来社会をリードする、というようなニュアンスが読み取れる。"What's the Right Thing to Do?" に、そうした未来社会とか、革命的転換というような意味合いでの「未来」を読み込むのは無理である。本文を読んでも、サンデルは、自分が支持するコミュニタリアン的正義観が、そういう革命的なものだと示唆するような、大それたことは言っていない。

私は、そういうことを簡潔に指摘しただけである。こういう細かい説明をしなくても、受験以外の場で多少なりとも英語を読み書きした経験と、まっとうな国語力があれば、"What's the Right Thing to Do?" という文自体に、未来の正義を示唆するような大げさな意味合いがないことはすぐ分かるはずである。

最近の中高の授業や参考書では、ｔｏ不定詞と動名詞の使い方の違いを説明する際に、「ｔｏ不定詞は未来の意味を持つ」と断定的に教えているようなので、勘違いしている連中は、それを無批判に受け止め、ｔｏ不定法が使われる全ての場合に「未来」が含まれていると——どういう意味での「未来」なのかも考えず——思い込んでしまったのだろう。

これは、単純暗記が危ないことを示す端的な例であるが、大学で授業をしていると、時折これと似たような勘違いをしている学生に出くわす。指摘されて、自分の認識を修正するのならいいが、先のブロガーのように、偉大な受験プロから伝授された神聖な知識を冒涜されたように感じて、大騒ぎする輩もいるので、気が滅入る。

クイズ脳・受験プロを相手にするほど私は暇ではない

あと、曲解に基づく私への誹謗中傷に対して、私がその間違いを指摘する文章をこの連載で書くと、嫌儲民、なんJ民、reddit民等の中に、「仲正はレスバトルしないので卑怯だ!」、と頓珍漢なことを叫ぶ輩が出てくる。

私はそもそも匿名で他人を誹謗中傷するような輩を、まともに反論すべき相手とは見なしていない。不愉快な間違い、悪口がネット上でそのまま流布するのが嫌なのと、バカのサンプルとして手頃だということが相まって、言及しているだけである。

従って、そういう連中とバトルして〝勝負〟を決める必要など端からないのだが、彼らは、どれだけ速く反応できるか、どれだけ共感レスを集められるかが、〝知性〟の尺度だと思っているのだろうか？　まるでRPGかテレビのクイズ番組の発想である。

先に述べたように、そんなのは学者にとっての「知性」とは全く関係ないし、反応の速さを競うような〝バトル〟をすれば、仕事も勉強もしていない暇人が圧倒的に有利になる。また、掲示板であれ個人のブログであれ、自由に書き込みできる場であれば、何も分かっていない人間が、その都度の気分や、個人的な思い入れや反感などから、デタラメな暴言を書きこんでくる。学者にとっては、何も分かっていない人間が敵になったり、味方になったりするのは、全く無意味なことである。そんなことのために、無駄なエネルギーを使いたくない。私は常に複数の本や論文の執筆に取り組んでいる——この連載は論文ではないので、それほど時間はかからないし、たまにこういうのを書くと、気晴らしになる。

暗記量とレスの速さで頭の良さが決まると思い込んで、延々とレスバトルを続けることのできる人は、ある意味、幸福なのだろう。

「倫理学＝人生訓」というベタな勘違い　二〇一六年一月一日

前回、学者にとっての「知識」の本質は暗記ではないということを主張するために例として、「哲学者がカントの有名なフレーズを正確に覚えていなくても、特に恥じる必要はない。そのフレーズが使われている箇所が大体わかっていればよい。無論、正確に暗記できていればそれに越したことはないが、カント研究をする学者の必須条件ではない……」と書いた。

カントを例に出したのは、哲学と縁のない人でもカントの名前くらいは知っているだろうと考えたからであった、特別な意味はない。それくらいのことは多少の常識があれば分かりそうなものだが、嫌儲板の２ちゃんねらーの何人かは、私が哲学オタクの質問にその場で答えられなくて恥をかいたのを誤魔化すために、これを書いたと妄想したようである。一〇月三日に嫌儲板に立ったスレッドに、ID:7BIui3+f0という人物が、以下のように書き込んでいる――コピペをしそこなって、意味不明になっている部分は省略しておく。

> 要するにこのおっさんは教授でありながらカントの有名なフレーズも暗唱できないくせに我

らが嫌儲賢者にレスバトルを挑み論破されたのが悔しくて悔しくて、相手の見てない自分のブログで顔真っ赤にしてグチグチと独り言呟いてるわけだ ｗｗｗ
負け犬の遠吠え乙 ｗｗｗ

私がカントの有名なフレーズをめぐるレスバトルをどこかでやって敗れた、などという話がどこから出てきたのか？　記憶が混濁しているうえに、ネットから情報を適切な検索する能力も欠如しているとしか思えない。これを本気で書いているとすれば、ID:7Blui3+f0 は大変な人生を送っていることだろう。

他にも、同じような主旨の書き込みをしている人間がいた。こういう連中は、自分自身がしょっちゅう悔し紛れの言い訳ばかりしているので、他人も同じようなことをしていると勝手に想像してしまうのではないか。念のために言っておくと、カントに関するトリビアな蘊蓄で、哲学や思想史の研究者に〝バトル〟を挑もうとするオタクに、私は未だかつて出くわしたことがないし、そういう話はあまり聞かない。他の思想家のオタクには、トリビア知識自慢したがる輩がいるようだが、私はあまりその手の連中と付き合いがないので、直接的に被害を受ける可能性は低い。

そもそも私はカントを専門的に研究しているわけではなく、あくまで、近代哲学・思想史を研究するうえでの基礎としてカントの主要なテクストを読んでいるにすぎない——2ちゃんねらーや、研究者になれない思想オタクには、「基礎的な文献として読む」ということの意味が分からないのかもしれないが。カントの有名なフレーズを丸暗記して自慢する理由はないし、カントを特別にありがたがっているわけでもない。しかし、私がカントを盾に取って知識人自慢をしていると勘違いした嫌儲民が、ネット上に散見されるカントからの引用らしきものを引っぱってきて、私に〝説教〟しようとした。

ID:iQ6ghcGz0 曰く、

仲正教授はけんもめんを匿名の卑怯者と罵る
しかし、カントは言う・・・高慢な人は常に心の底では卑劣であると
はい、論破 w

ID:iQ6ghcGz0 は更に続けて、以下のように述べている。

・我々は動物の扱い方によって、その人の心を判断することができる。
・高慢な人は常に心の底では卑劣である。
・私自身は生まれつき研究者である。無学の愚民を軽蔑した時代もあった。しかしルソーが私の謬りを正しくしてくれた。私は人間を尊敬することを学ぶようになった。
ｂｙカント
仲正教授に贈る言葉論語読みの論語知らず
【注釈】古来、儒教の経典である『論語』をしたり顔で語ることはできても、その教えを実

践できていない者の愚かしさから、書物を読んでも表面的に理解するだけで真髄をわかっていない人をあざけっていう言葉。

これに便乗したつもりらしいID:lXYLTElg0という人物曰く、

この人はカントをしっかり読み直したほうがいい

哲学を道徳と混同してはいけない

こうした、それっぽいフレーズを引っ張って来て、私をやり込めたつもりになれるのだから、うんざりする。カントに関する解説書を読んだことがないのは当然として、大学で哲学や倫理学の授業を受けたこともないのだろう。一番肝心のところで間違っている。

カントの影響を受けた思想家や、カントのテクストの専門的な哲学研究者たちは、別に、カント自身がすばらしい人格者だと思っているわけでも、人間の心理を観察する達人だと思っているわけでもない。

「哲学」は、宗教でも人生訓でも、儒教（儒学）のような実践倫理でもない。つまり、日々どのように生きるべきかを指南するものではない。「『存在する』とはどういうことか?」とか、「真理とは何か？」「人間はいかなる時に美を感じるか？」、といった、最も根源的な問いについて掘り下げて考える営みである。「哲学」に道徳哲学もしくは倫理学——両者は厳密に言うと違うが、ここでその区別に拘る必要はないだろう——と呼ばれる部門があるが、そこで問題になるのは、「自由とは何か？」「自律しているとはどういう状態か？」、といった問いである。

「お年寄りを敬いなさい」とか、「ひと様の悪口を言ってはいけない」などと、人々を教え諭すものではない。「『お年寄りを敬わないといけない』という主張を正当化する論拠があるとしたら、それは何か？」を問うのが、道徳哲学である。無論、カントのような哲学者の議論に啓発されて、自分なりの答えを出し、それを日々の実践に生かしている人もいるだろうしそれは好ましいことだが、最初から、そういう効果を狙って、多くの人が感動しそうな言葉を多用するのは、「哲学」として本末転倒である。

ID:iQ6ghcGz0が引き合いに出しているのは、カントの「哲学」そのものではなく、彼の人間観察あるいは個人的価値観を表明した言葉である。ネット上の「名言格言集」というサイトの「カント語録」というページから、適当にそれらしいものをコピペしてきたようだが、ID:iQ6ghcGz0は、これらの〝名言〟が、どのテクストのどういう文脈で語られたか言葉か確認していないだろう。原典をちゃんと確認するような人間が、カントの言葉を要約して翻訳した（らしい）ネット上の文章を、出典を明記しないままコピペしたりすることはないだろう。

名言の類いに関して、そういう文献学的なことに拘る必要などないではないか、と言う人もいるかもしれないが、例えば、二番目の文に出てくる「高邁 Hochmut」というのは、日本語の「高邁」

の普通の意味とかなりズレているだけでなく、ドイツ語の〈Hochmut〉の意味ともズレているので、元の文脈を参照しないと、カントが何を言わんとしているのか正確に理解できない。三番目の文については、ルソーとカントの「人間」観はかなりズレているので注意が必要である。

また、最初の文は、「動物の扱い方」からその人の「心 Herz」が分かるのは何故なのか、カントがそれをどう説明しているのか、把握しておかないと意味がない。

ID:iQ6ghcGz0 はどういうつもりで、この「動物」の文を引っ張って来たのだろうか? 自分たち嫌儲民を「人間以下＝動物」と認めたうえで、私の嫌儲民に対する扱いが悪いのは、私が「(2ちゃんねらーでない、まともな)人間」もバカにしている証拠だ、とでも言いたいのだろうか?

カント研究者の中には、カントの人格を尊敬しているという人もたまにいるが、それは個人的趣味の話である。カントという人物が、いわゆる〝人格者〟でなかったというのは、よく知られた話である。ルソーを読んでカントの「人間」観が変わったというのは有名な話だが、だからといってカントが、宗教者のように常に隣人愛に満ちた人間になったわけではない。その辺の事情については、中島義道氏の『カントの人間学』(講談社現代新書)で初心者向けに詳しく述べられている。

いずれにしても、カントが道徳哲学者として偉大とされるのは、「道徳」を構成する重要な要素としての善意志、自律、定言命法、理性の事実としての道徳法則……などの概念と、それらの相関関係を体系的に展開したからであって、ID:iQ6ghcGz0 がコピペしたような名言によって、道徳教の教団のようなものを作ったからではない。

コピペした三つの文から推測すると、ID:iQ6ghcGz0 は、〝教祖カント様〟は、傲慢になることなく、他人を敬いなさいというメッセージを発していたではないか、と言いたかったのだろうが、既に述べたように、私はカント信者ではないし、他人を敬いなさいという意味合いの名言を残した偉人はたくさんいる。カントを特別視する必然性などない。

カントの問題提起

カント哲学を論語と同質のものと勘違いして、私に〝道徳〟を説こうとするID:iQ6ghcGz0等の主張は、取るに足らないものなので、この辺で終わりにしてもいいのだが、せっかくカントの話を始めたので、もう少しだけカントに即して、ID:iQ6ghcGz0等の振る舞いについて論評しておこう。
カントは道徳哲学系の主要著作で、他者を単なる手段――自分が何かを成し遂げるための手段――としてではなく、目的それ自体として扱うべし、という主旨のことを述べている。これを平板化して理解すると、ID:iQ6ghcGz0流のカント教の教えになってしまう。当然カントは大上段からそうした教えを説いているわけではなく、純粋な道徳的行為があるとすれば、その行為は他者を手段として利用するものではないはずだ、という道徳的行為の本質をめぐる主張をしているのである。

　普通の人間の日常的な行為、取引をしたり、仕事をして賃金を受け取ったり、友人や恋人と一緒に何か楽しいことをする、といったあたりまえの行為は、何らかの形で他人を利用し、自分の目的を達

イマヌエル・カント（1724～1804）

成している。自分の幸福のために他人を利用している。純粋な道徳的行為は、日常における欲望の連鎖や相互作用を超えた所にあるのではないか、というのがカントの問題提起のポイントだ。

そうした純粋な道徳的行為があり得るとカントが本気で考えていたかどうかについては、専門的なカント研究者の間でも議論があるところである。更に言えば、カントが目的として扱うべしと言ったのは、正確には、具体的に身体を持って存在する他人ではなく、その他人の「人格」の内に見出すことのできる「人間性」である。

この場合の「人格」とか「人間性」をどう理解するかは、かなり難しい問題である。いずれにしても、カントの道徳的哲学の意味で、現実に他人を手段として一切利用していない人間など、この地球上に一切いないことだけは確かである。この点については、ちゃんとした哲学研究者の間では議論の余地がないだろう。

匿名は卑怯である

カントのフレーズの切れ端を盾にとって、私たちをもっと敬えと要求する、ID:iQ6ghcGZ0の姿勢は根本的におかしいのだが、そもそも、自分は匿名のままで、仲正昌樹という実在していることがはっきりしている人間を誹謗中傷し、悦に入っているような連中に、そんな高尚そうな話をする資格があるだろうか?

カント自身がどう考えていたかは別として、他人に面と向かって対峙することなく、自分は影に

隠れてその人物の悪口をいいふらしてダメージを与え、憂さばらしをするのは、他人を完全に「物扱い」する行為である。

そういう卑劣な連中だからこそ、私の方も心置きなく、バカの思考パターンのサンプルとして利用させてもらっているのである――私以外の第三者を誹謗中傷している連中をサンプルにすると、その第三者に迷惑がられる恐れがあるので、なるべく私自身について誹謗中傷している輩をサンプルにしているのである。しかも私の方は、具体名ではなく、スレッド上で暫定的に割り振られる、ID名を挙げているにすぎない。ID:iQ6ghcGz0が、思想家ぶって〝カントの教え〟を広めたいなら、何となくよさげなフレーズを安易にコピペしてくるのではなく、少しは自分の頭で考えるべきだろう。

○×脳の恐怖

二〇一六年三月五日

先日、ある知人とポストモダン系の思想をどう評価すべきか、というテーマで話をしていて、「先生は、トンデモ本を引用しますか?」、と質問された。ポストモダン系の思想家が、自然科学用語を不正確に使っているというソーカル的な前提での質問である――ソーカル事件については、本著九九頁〜や『FOOL on the SNS』一三七頁〜など参照。

この質問に対して私は、先ず「トンデモ本かどうかというのは、その本をよく読まないと判断できません。実物を読まないで、それに対する批判的な意見を鵜呑みにして、トンデモだと決め付けるとすれば、その本におかしなことが書かれているか否かにかかわらず、その人の方がトンデモです」、と述べた。

それに続けて、「どういう意味でトンデモなのかによって引用するかどうか決まります。『聖書』は、自然科学的にはトンデモな本ですが、『聖書』を研究するのは、トンデモですか? どういう意味で研究するかによるでしょう」、と言った。

そう言っている内に、理系人間を自称して文系無用論を唱えたり、ソーカル信者になってしまう人たちは、「非科学的な奇蹟を記述する『聖書』はトンデモ本である→トンデモ本である『聖書』から引用する本もまたトンデモ本である」式の、恐ろしくシンプルな発想をしているのではないか、ということに気が付いた。この手の人たちは、人文系の学問で、他人のテクストを参照・引用することにどういう意味があるのか、そもそも何を研究対象にしているのか考えたことがないのだろう。

理系の学問の論文であれば、自分がこれから実験や観察によって明らかにしようとしている対象について既に確定している事実を確認したり、自分と類似の意見、あるいは対立する意見と対比するため、自分の説の意義を示すための引用がほとんどだろう。だから、科学の常識と反することを主張する本や論文から長々と引用することはあまり考えられない。

それに対して、哲学、文学（研究）、歴史学、社会学などでは、自らの説の学術的意義を示すのとは全く違った意味で、他人の文章を引用・参照することが多い。そこを分かっていないと、頓珍漢な〝批判〟をすることになる——とにかく、文系の学者の悪口を言いたい輩は、最初から分かろうとする意志がないかもしれないが。

ソーカール事件の根にあるもの

少し具体的に考えてみよう。「錬金術」について研究している学者がいるとする。反似非科学の闘士として正義のために戦っているつもりの——例えば、『FOOL on the SNS』一六五頁〜などで取り上げたlocust0138のような——バカなら、「錬金術を研究している」という言い回しに脊髄反射して、「錬金術を研究しているなんて、すごいトンデモ学者だ！」、と狂喜して叫ぶだろう。

冷静な人間であれば、その場合の「錬金術について研究する」というのが、どういう意味か考えるはずである。西欧中世の錬金術と全く同じ方法で卑金属から貴金属を作り出せるとか、賢者の石が実在するとか信じていて、その思い込みを文書にしているのだとしたら、トンデモと呼んでいいが、錬金術の書と同じことをやったら、実際どうなるか試してみて、その記録を文書にしたということであれば、話は違ってくるだろう。どうなるか現実に試してみるというのは、むしろ科学的な態度だとも見ることができる。

昔の人が、錬金術の法則を発見したと思ったのはどうしてか、彼らをそう思わせた現象とは何だったのか研究するのであれば、科学的な研究と言っていい。

歴史学、あるいは歴史社会学の研究者であれば、錬金術がどのような地域、どのような階層の人の間にどのように広がり、伝承したかについて研究する。科学史の研究者であれば、錬金術が近代科学の発展が与えた影響について研究する。文学史の研究者であれば、文学に与えた影響、美術史の研究者であれば、美術に与えた影響を研究する。

文化人類学や社会心理学、精神分析の研究者であれば、錬金術的な表象が人間の行動や心理、生活様式とどう関係しているのか研究する。過去の思想家や哲学者が錬金術に関心を持っているとすれば、それは思想史家や哲学者の関心の対象になる。『聖書』に記述されている奇蹟については、こうした意味で研究する価値のある内容は更に広がる。キリスト教の教義やそれと結び付いた西欧の哲学的思考、教会の制度やそれと結び付いた法や経済の制度、民間の慣習など……。

一般的に言って、過去の人が科学的に間違ったこと、雑なことを言ったとしても、それが社会の中で流通し、何らかの社会的機能を担っているとすれば、それは研究するに値する。

例えば、一八世紀の知識人でニュートン力学についての雑な理解に基づいて独自の認識論や世界観を展開した人がいて、それが一定の社会的な影響を及ぼしたとすれば、思想史家や社会史家は、どうしてその影響があったのか、その背景に何があったのか調べようとする。二〇世紀において量子力学、相対性理論についての言説が、芸術や文学に一定の影響を与えている。文学（研究）や社会学の立場から、そうした言説を分析することもある。

そうした研究をして、論文にまとめる場合、元の言説が科学的に正確かどうかは第一次的には重要ではない。別に物理学や数学の論文を書いているのではないからである――こういう風に説明しても、何のことか理解できます、「思想史は、インチキ物理学に基づいて論文を書いてもいいと、仲正が認めた」、などと騒ぐ真正のバカが現われるので、疲れる。

もう少し、複雑な場合もある。物理学、化学、心理学、医学、精神分析、生物学、社会学経済学などの――多くの場合、未確定の――〝研究成果〟が、メディアや一部の学者の政治的活動を介して世論や人々の価値観に決定的な影響を与え、場合によっては法制度にも反映されることがある。原子力、地震、地球温暖化、健康診断、犯罪の原因、仕事等によるストレスと精神疾患の関係、違法行為をした人の責任能力……などの問題を念頭に置けばいいだろう。

それらの問題は、〝研究成果〟と、政治や社会的圧力が結び付いた複合体が形成されている。STAP細胞問題をめぐる一連の騒ぎは、その分かりやすい例だろう。ジェンダー・アイデンティティとか、（精神や身体の）正常／異常の境界線をめぐる問題になると、その時々の科学や科学的言説だけでなく、文化やそれまでの歴史的経緯が絡んでくるので、かなり複雑になる。

哲学や社会学、文芸批評が、そうした〝科学〟絡みの言説、現象に対して批判的に、あるいはアイロニカルに論評する場合、当然のことながら、発端になった〝科学的研究成果〟とはかい離した言葉遣いをすることがしばしばある。〝科学的成果〟そのものに疑問を呈するのではなく、その使われ方、語られ方を論ずるのであれば、元の専門分野と違った言葉遣いをすることに――そこにズレがあることを承知しているのであれば――さほど大きな問題はないだろう。

一部の未熟な研究者や批評家が、オブジェクト・レベル（個別領域における科学的研究の内容それ自体に関わるレベル）とメタ・レベル（前者をめぐって構築される社会的言説や制度のレベル）を区別できていないように見える文章を書いてしまうことがないわけではない。

しかし、そうした少数の例から、ポストモダン系の思想、あるいは、人文系の学問全般が、科学的エビデンスに基づかないで、虚構の世界の話をしているなどと主張するのは、ものすごい飛躍である。それこそエビデンスに基づかない、雑な類推である。〝批判〟しているつもりの人たちが、人文科学や社会科学の研究対象やそれに対するアプローチの仕方の複雑さを理解していないため、少数のお粗末な実例から〝全体〟を類推しているにすぎないことが多い。私は、そうした根本的な誤解が、ソーカル事件の根っこにあると考えている。

○×思考はトンデモ脳の前兆

そうした誤解が起らないよう、数学や自然科学と、人文科学、社会科学の対象設定やアプローチの仕方の違いをきちんと説明するのが、科学史や科学哲学の役割のはずである。しかし、そうした分野の〝研究者〟あるいはそれらを大学で学んだはずの人たちの中には、その肝心な所を理解しないで、安易にソーカルやブリクモンの尻馬に乗って〝ポストモダン叩き〟——〝ポストモダン〟とくくられている領域の設定がかなり雑であることについては、『FOOL on the SNS』一三七頁～などで論じたのここでは繰り返さない——をして喜んでいる輩がいるようだ。

そういう輩がネット上で、理系研究者崩れや自称理系人間などと野合して、とにかく学者・知識人の悪口を言いたいバカを先導して、ポストモダン＝似非科学説や文系不要論を広めているように思われる。偉そうにしている（ように見える）哲学研究者や文芸批評家が、トンデモ科学を信奉していい加減なことを言っているかのようなプロパガンダを耳にすると、locust0138のような——文系であれ理系であれ大学でちゃんとした学問を学んだことのない——バカたちが嬉々として集まって来て、餌を撒いてくれた〝研究者（崩れ）〟を神のように崇める。まるで、コンラッドの『闇の奥』のクルツか、『地獄の黙示録』のカーツ大佐のように。

この手の人たちは、自分たちがよく知らない哲学、文学（研究）、歴史学などの方法論や論文の書き方についてちゃんと学ぼうとせず、いきなり「ポストモダンを擁護するなど笑止！」、「トンデモを庇うお前もトンデモだ！」、「あんたたちの無内容な話など聞く必要などない」、などと偉そうで、攻撃的な物言いをするので、まともに対話することなどできない。

物事を単純に○×を付け、×が付いたものに関連するものは全てトンデモ扱いするのは、楽かもしれないが、×を付けていい対象の範囲についてよく考えないと、自分の方がトンデモになってしまう。ネット上で論客ぶって威張っている人間の多くが、そうした○×脳になっているように思える。

サヨクやウヨクの人たちも――ソーカル信者たちとある意味よく似た仕方で――○×思考をすることが多いが、それについては別の機会に論じることにしよう。

ウヨク・サヨクの○×

二〇一七年一月六日

前回、偽科学批判クラスターやソーカル教信者、文系廃止論者などの○×思考について論じたが、ウヨクやサヨクはそれとは少し違った○×思考をする。ウヨク／サヨクが、他人の発言を敵か味方かという基準でのみ判別し、敵に対しては人格否定をして徹底的にけなし、味方に対しては、やたらと「すごい！」「正論です！」と連呼して、無条件に持ち上げる、というのは今更言うまでもない。私が今回問題にしたいのは、引用や参照に関する〝不寛容〟の問題である。

○×脳がはらむ党派性

ウヨクもサヨクも、特定の思想家を自分たちのモノと決め付け、〝敵〟——ウヨクの目から見てサヨクに見えるもの、サヨクの目から見てウヨクに見えるものは全て〝敵〟である——が自分たちの思想家を引用・参照することを冒涜だと言って異常なまでに怒り狂う。批判するために引用・参照するのを嫌うのであれば、分からないでもないが、中立的・肯定的に言及する場合でも、いやむしろそういう場合の方が激しく怒り狂う。

例えば、保守系もしくはポストモダン系の論客が、マルクスのテクストを引用して「労働価値説」

に根拠がないことを指摘し、マルクスの名の下に工場での肉体労働や労働者を神聖視し続ける左翼的言説を批判したとする。そうすると、サヨク連中は、「労働者の現実を知らないウヨクが、これまでのマルクス研究の蓄積を踏まえないで、マルクスを濫用していい気になっている。これこそ、反知性主義だ！」、という感じで騒ぐ。

騒いでいる連中のほとんどは、ドイツ語の原文を読むこともできず、「労働価値説」というのが元々どういう学説だったのか知らず、賃金労働者としてちゃんと働いた経験さえ乏しいような連中であり、とても他人のマルクス論を批判できる立場ではないのだが、とにかく自分たちの聖典を汚したウヨクを口汚く罵る。

その逆に、リベラル左派やポストモダニストが、保田與重郎、福田恒存、江藤淳などを引用・参照して、現在の保守論壇や自民党の態度を皮肉るようなことを言うと、ウヨク連中は、「笑止！思想や言葉に対する覚悟がなく、皮相なことばかり言っている○○ごときに、△△先生の壮烈な精神が理解できるはずがない。」、という調子で罵る。そのくせ、その〝△△先生の壮烈な精神〟がどういうものか自分では説明できない。

この手の人たちは、それほど党派的なニュアンスを帯びていないちょっとしたコメントでも過剰に反応する。私が、ある思想系雑誌の依頼で、現代日本の代表的論客の何人かを紹介する短い文章を書いた時のことである。その内の一人が西尾幹二であった。

私は、西尾は現在、西欧的価値観に基づいて日本社会の後進性を糾弾する進歩的知識人を批判する保守のポジションを取っているが、彼自身も元々ドイツ系の教養をベースにして文筆活動をしていた、という主旨のことを書いた。ごく普通に考えれば、別に何ということのない普通の紹介である。そうしたら、西尾の信者らしい、頭の悪そうなウヨクがブログに以下のようなことを書き込んだ。「思想家の紹介ということなので、別にどういう立場の人が書いてもいいとは思うが、この人は間違ったことを書いている。西尾先生が教養主義者であったと言うのは事実に反する……」

あまりの見当外れに唖然とした。恐らくこの西尾信者は、自分の教祖様が、もともとニーチェ研究を専門とする独文学者で、ドイツ文学・文化に関する知識を基にして文芸批評をやっていたことを知らないのだろう。そのうえ、「教養」と「教養主義」を混同している。彼は自分の教祖様を、無教養な乱暴者だと思っているのだろうか。

念のために言っておくと、西尾幹二が批判しているのは、主として大正時代の教養主義だが、教科書的に言えば、これは単に西欧の人文教養の知識を身に付けるだけでなく、それによって人格的陶冶を目指した運動である。西尾はそれに対して、人格の陶冶のような高尚なことを目指したわけではなく、単に舶来の知識を鼻にかける嫌味な態度であり、日本社会をバカにする現代の進歩的知識人の原型になったと見て批判しているわけだが、それは西尾流の捉え方であって、それとは異なる見方をする人も多い。

また、西尾の元々の研究対象であったニーチェは、同時代のドイツの教養俗物を痛烈に批判したことで知られているが、それはニーチェが普通の知識人を遥かに凌駕する古典的教養の持ち主だったから可能なことであり、ニーチェの死後、彼のテクストをドイツ文学・思想を学ぶための基礎教養と見る傾向が西欧諸国でも日本でも生じてきた。「教養」の本質とは何かというのは、常に論争の余地のある難しい問題であり、それと「教養主義」との関係となると、かなり複雑なことになるが、くだんの西尾信者はそんなことは全く知らないだろう。

恐らく、教祖様が、「私は教養主義を批判する」、と言っていたのを、どういう意味か理解しないまま念仏のように信じ込み、それと矛盾しているかのように見える文章を書いた私のことを、「間違っている」と断じたのである。知ったかぶりをしたがるウヨク、サヨクには、この手の話が通じない輩が多い。

ウヨク・サヨク以上に病んでいるフェミニスト

ウヨクにもサヨクにも人気があり、双方が自分のモノだと思い込んでいる思想家・作家から引用・参照すると、双方がへ理屈でクレームを付けてくるので面倒くさい。カント、ニーチェ、デリダなどがそういう対象になりやすいが、一番極めつけが左右の全体主義を批判したハンナ・アーレントだろう。

この連載で何度か言及したように、アーレントを自分たちのマドンナだと思い込んでいるバカなウヨクは、アーレントがインターナショナリズムの左翼知識人の欺瞞を暴き、ナショナリズムを擁護していると思い込み、ナショナリズムに批判的な人間にはアーレントを語る資格がないと決め付け、罵倒する。アーレントのテクストの中のナショナリズムに関する批判的な考察や、左派に対して好意的なコメントは一切目に入らない。

サヨクはサヨクで、アーレントは共同体から排除され、権利の主体として尊重されていない他者（弱者）に寄り沿う思想家であり、弱者の声を聞き取ろうとしないウヨクがアーレントを語るなどというのは噴飯ものだ、と喚く――私は、「噴飯」といういかにも汚らしい表現を平気で使える人間の感性が信じられない。

いずれの側も、まるでキリスト教の狂信者が『聖書』を取り合っているように狂暴になる。文献学的にある程度信頼性のある『聖書』解釈をしてくれるのであれば、右でも左でもいいのだが、この手の話にすぐに首を突っ込んでくるのは、自分たちの親分の言い分を鵜呑みにし、コピペ・ツイートを繰り返す廃人のような輩なので、話が通じない。

ソーカル信者とか、ピケティ+リフレ信者は、ウヨク／サヨクのいずれかにはっきり分類しにくいが、教祖様の言い分を『聖書』のように信じ込み、異端的な理解を許さない体質は、ウヨクやサヨクと共通している。

私の経験上、一番イラつくのがフェミニストである。フェミニズム思想家の中でもジュリア・クリステヴァ、ジュディス・バトラー、ガヤトリ・スピヴァック、ドゥルシラ・コーネルなどは、精神分析や現象学、脱構築などに関わる哲学的議論をしているので、それほどフェミニズムにシンパシーのないポストモダン系やリベラル系の論者、場合によっては保守派にとっても参照すべきところが多々ある。しかし、あまり頭がよくない、教条的なフェミニストは、敵による引用・参照を一切認めない。

例えば、「仲正は、『声』を奪われている性的マイノリティに寄り沿った、○○の議論を脱文脈化し、フェミニズムやクイア・スタディーズの基盤を掘り崩すことに利用している。脱構築の名の下でのこうしたテクストの簒奪は、まさに○○が危惧していた、ファロゴセントリズムに密かに通じるポストモダン的シニシズムの現れに他ならない。仲正の無自覚さは、象徴界がいかに深くファルスの幻影に囚われているかを示すメルクマールであり……」というような調子で、習い立てのフェミニズム用語をちりばめて、しつこく〝批判〟してくる。そこにお仲間たちが食いついてきて、同じような調子の文章を書きつらねていくので、本当に嫌になる。

難しい用語・言い回しを使っているけれど、実際には、〝マッチョな敵〟と闘っているジャンヌ・ダルクのような私に酔いしれたいだけの、ナルシズム的な文章にすぎなのだが、知的な雰囲気を装っているので、腹が立つ。こういう連中から受けた迷惑については、『なぜ「話」は通じないのか』(晶文社)や『ラディカリズムの果てに』(明月堂書店)でいろいろ述べたので、関心ある人はそれらを参照して頂きたい。

オリジナルのテクストの記述を文字通りの意味で捏造していない限り、どんな立場の人による解釈であれ、いったんは虚心坦懐に受け止める、という姿勢がないと、学問的な議論など不可能である。

自分の脳内陣取りゲームを現実と思い込み、「お前は追いつめられている！　俺がそう思うんだから間違いない！」、と絶叫するソーカル病患者たちの末期症状

二〇一七年二月五日

「ソーカル事件」によって〝ポストモダン〟と呼ばれる思想潮流が壊滅したと思い込み、気に入らない人文系の学者・評論家に〝ポモ〟のレッテルを貼って罵倒することで悦に入っている輩のことは既に何回か（『FOOL on the SNS』一三七頁〜参照）話題にした。

最近になってまた、新手のソーカル信者が登場し、よく分かっていないのに、私を〝ポモ〟の人間と見なし、意味不明の攻撃をしかけてきた。その攻撃に、何人かの常連の目立ちたがり連中が便乗してきた。パブロフの犬のような連中である。

〝災難〟は突然やってきた

最初にツイッターで一方的な攻撃をしてきた「たかはし＠調布圧倒的成長部 @tatarou1986」と

いう人間は、ポストモダンやソーカルがどうのこうのという以前に、思考過程にかなりの飛躍があり、対人コミュニケーションに関して根本的な勘違いをしているようだが、本人にはその自覚がないようだ。どうしようもない奴である。

「たかはし」による最初の一連のツイートは以下の通りである（①〜⑦）。

> ① 仲正昌樹のソーカル事件についての論評を読みました。偏ってると思います。本質ではないからというのはわかる。が、高度な数学的概念を比喩表現として使うのと「神」「狼」「野生人」を比喩表現として使うのを並べるのは無理がある。おべんきょうのしすぎで普通の人の感覚がわからないのではないか？

←

> ② 俺はＳＮＳ論客とかいうのになるためにこのアカウントを開設したんじゃないはずだ！！！！！！！！！！！！！！！

←

やめだやめだやめだ

↓

③　いやー俺もそう思うなー。メタファーって分かりやすくするもんだし……これに対して仲正昌樹は「お前はわかっていない！」とよくわからない反論をしている。痛いところをつかれたんだろうなーという印象しか正直うけない。
ポストモダンにおける、自然科学概念を用いた比喩、の意義とは Interdisciplinary http://interdisciplinary.hateblo.jp/entry/20150710/p1 …

↓

④　難しい哲学系のテクストを読んで挫折し、その敗北感をごまかすために、全てを著者のせいにしたがっているのがよく分かるーとか決めつけてるところもなかなか痛々しい……ソーカル教にすがりついてしまう廃人たち 仲正昌樹【第23回】月刊極北 http://meigetu.net/?p=3065

↓

⑤「お前はわかってない」という反論のなんと虚しいことか……仲正昌樹はわかってないよ。うん。

←

⑥ところで仲正昌樹は「権威主義」について否定的に述べてたけども。数学的概念を比喩表現に使うのって、突き詰めていけば、この「権威主義」に属するものだと思うんだよねー
これに対してどう反論するんだろう。きっとわかってない！　難しいテキストを読んで挫折したバカだ！　って反論がくるだろうな（笑）

←

⑦この人、トンデモ本のとこでも、ソーカル教、ソーカル教って痴呆老人みたいに喚いてるけど、よっぽど痛いとこ疲れたんだね　w

「たかはし」は、私に対する攻撃を始める前に、某美術批評家が数学用語を不正確に使っているという話題に関してツイートしていたので、その関係で検索している内に、私の『極北』の連載

（『FOOL on the SNS』一三七頁～）に行き当たったのだろうが、言っていることが支離滅裂である。

先ずすぐに気づくのは、**SNS論客になるつもりはない**と言いながら、私に対する悪口を連投して、私に対するネット上での攻撃をしつこく煽っていることである。

私はこの人物をこれまで知らなかったし、当然、彼を名指しで批判したこともない。にもかかわらず、「おべんきょうのしすぎ～」「痛いところをつかれた」「なかなか痛々しい」「わかっていない」「痴呆老人」と悪意の籠った言葉を並べ立てている。どういうつもりなのか？

一番問題なのは、「『お前はわかっていない！』とよくわからない反論をしている」、という、意味不明の決め付けである。「お前はわかっていない！」、とはどこにも書いていない。恐らく、（その多くが似非科学批判クラスタやリフレ＝ピケティ教信者と重なっている）〝ポモ批判者〟たちが、ソーカルのパロディや批判の対象になったラカンやクリステヴァなどのテクストを自分で読んだ形跡がなく、ソーカルの言い分を――かなり拡大解釈したうえで――〝鵜呑み〟にしているとしか思えないことに私が何度か言及したことを、そう曲解したのだろう。

そう指摘することの何がおかしいのか？　批判の対象になっているテクストを自分で読みもしないで、批判側の言い分をそのまま真に受ける態度が、学問的ではないのは言わずもがな、真面目に議論をしようという人間の態度ではない。読むつもりさえないのに、〝ポモの本など目にする価値さえない〟と言い張るのであれば、正気でないか、人としての誠実さのひとかけらもないかのいずれかである。

文句があるのであれば、どの著作家のどのテクストでもいいから、ソーカルが言及しているものを一つでいいから自分でちゃんと読んだうえで、不正確な数学・物理学用語が、そのテクストの本質的な部分にどういう深刻な影響を与えているのか、自分で指摘すればいいのである。

そういう当たり前のことが「分かっていない」くせに、〝ポモ批判〟だけはしたいというおかしな人間には、反論のしようがない。私はそういうことをちゃんと書いたのだが、ひょっとすると、高橋の〝頭〟では、それが「お前はわかっていない！」に短絡されてしまうのかもしれない。

また、「普通の人の感覚」とは何のことか？　ソーカル事件は、ポストモダンと呼ばれている思想家たちの一部の言葉遣いにソーカルというもの好きな物理学者が突っ込みを入れた、というだけの話である。

ソーカル事件のことを知っている「普通の人」などごく少数である。「普通の人」に何の関係があるのか？　何かの人気投票のようなもので、〝ポモ〟と〝ポモ批判〟のいずれが正しいと決まるとでも思っているのだろうか？　ひょっとすると、先に述べた、ソーカルの批判を全て真に受け、嬉々として〝ポモ批判〟をしている連中のことを、「普通の人」と言っているのかもしれない。だとしたら、あまりにも偏っていて、話にならない。

もう一点、「たかはし」は、私が「痛い所をつかれた」という前提で、私をからかっているつもりになっているが、「痛い所」とは具体的にどういう意味か？　何度も述べているように、私は別に〝ポストモダン〟と呼ばれるもの全体を擁護しているわけではないし、仮に〝ポストモダン〟なるものが全否定されたとしても、個人的には全然困らない。大学で教えるうえでも、自分の著作を書くうえでも全く支障がない。

連載第二二回（『FOOL on the SNS』一三七頁～）では、内容を知らないままの〝ポモ批判〟が無意味すぎると指摘しただけだし、第二三回（『FOOL on the SNS』一四七頁～）以降は、第二一回（『FOOL on the SNS』一二八頁～）の連載にかこつけて私の誹謗中傷をしていた連中の言動のおかしさを示しただけである。悪口を言われて不快なので、相手のバカさ加減を指摘しようとするのは、ごく普通のリアクションではないか――私は、個人に対して誹謗中傷をする輩をまともな反論相手とは認めない。

不快かつ不可解であったので、ツイッターとリンクしているブログに表示されていた、「たかはし」のメールアドレスに抗議文を送った。すると、高橋はメールで直接返事をするのではなく、ツイッター上で、仲正がリアクションしてきたことをからかう書き込みをしたので、それに重ねて抗議した。するとと今度は、そのことを詫びる、一応丁寧な口調のメールがきた。意外と話が通じる人間かもしれないと思って、上記の疑問をぶつけたが、いざやりとりを始めると、丁寧なのは表面だけで、かなり無礼で、自分の妄想を〝現実〟として他人に押し付けるタイプの人間だと分かってきた。最終的に「たかはし」は話を打ち切って、悪口ツイートを再開した。

まず、何故私の悪口を言ったのかという点に関してだが、高橋は先に述べたように、某美術批評家の文章との関連でネット検索して、『極北』の連載に辿りついた。

第二一回の文章で（『FOOL on the SNS』一二八頁～）、私が「〇〇を知らないで▼▼を批判したつもりになっているのはバカだ！」、と書いているのを見て、不快感を覚えて、思わず強い言葉を使った、という。

そのことを謝るのかと思ったら、さにあらず。自分が不快に思ったのは「事実」なので、謝る必要ない、という。その感覚はおかしい、個人攻撃を始めたのはあなたなのだから、少なくともその点は謝るべきだろう、と言ったら、「う〜ん、先生の言葉で僕が不快感を覚えたという事実がある以上、そういう風に言われるのは、泥棒に窃盗するなと説教されているみたいで、納得いきませんね」、とのこと。

本人は礼儀を尽くしたまともなコミュニケーションをしているつもりのようである。今まで、様々な〝独自のネット・マナー〟を説く輩に遭遇してきたが、これにはさすがにびっくりした。

また、「痛いところをつかれた」という表現に関してやりとりしている内に、どうも「たかはし」が、数学用語をレトリックとして使うことについて過剰な意味付けをしているらしいことが分かってきた。⑥のツイートから、数学の概念を比ゆ的に使うのを、ポストモダンの論客たちの「権威主義」だと彼が考えていることは分かるが、私はこの場合の「権威主義」というのは、単に「格好つける」とか「アクセサリーとして使用する」という程度の意味だと思っていた。しかし、どうもそうではなかったようである。

「たかはし」曰く、「学術論文は、Impact factor という数値でどの雑誌がどれだけ影響力を持つかが数字で出ます。どれだけのＩＦの論文誌に何本のせたかは直接その人の人事に影響を与えます。科学者なら誰もがこの数字を突き付けられ、否応なしに自分の立ち位置を見せつけられます。ヒエラルキーを明確に感じるのです。（……）また、科学技術政策は国が莫大な予算を割り当て、研究者に分配します。この予算獲得にもこのＩＦがかかわってきます。スター科学者は大型予算をどんどん獲得して、どんどん論文をだして、一流大学のポストを得ます。（……）このような背景があるからこそ、物理学や数学といった科学技術全般を権威だと思ってしまうのは僕だけの特異な見方ではないと思います、むしろ一般的な感覚ではないかと思います」。

これが「たかはし」の認識の大前提になっているとすると、彼の過剰反応している理由が分かるような気もするが、根本的に間違っている。

文系の学者にとってはいわずもがなのことだが、数学概念らしきものをちりばめた文章を書いたからといって、論文として高く評価されることはほぼない。学会誌の査読論文として通りやすくなるということもない。無意味な数式っぽいものを書いたら、むしろ逆効果である。だから、教員としての採用や昇任にもつながらない。

経済学、心理学、社会学の一部では論文で数式を使ったり、実験の結果を報告することが必要な場合もあるが、そういう分野であれば、インチキ数学などすぐに見破られてしまう。少なくとも私は、インチキの数学の概念による証明もどきを展開するインチキ論文が業績として高く評価されて、大学で終身雇用のポストを得たという人を知らない。

ソーカルのインチキ論文が、査読を通ったという《Social Text》というアメリカの雑誌は正式の学会誌ではないし、人文系の学者の登竜門のようなものになっているわけでもない。仮に、インチキ数学概念のようなもので出世している学者がいる、と「普通の人」たちが信じて、〝ポモ系の学者〟を非難しているのだとしたら、何の根拠もない誹謗中傷である。

ポモ系の学者たちが、インチキ数学・物理学論文のようなものを量産することで、何の苦労もなく出世していると本気で思っているのなら、自分でそういうインチキ論文を書いてソーカルのようにどこかの思想系の雑誌に投稿してみたらいいだろう。

そして山川賢一登場!

このことと先の誹謗中傷表現のことを「たかはし」に伝えたところ、高橋曰く、「う〜ん、根本的にズレていますね。ちょっと冷静になった方がいいですよ」、と冷静ぶった返事が来た。一体何がズレているのか? 私は、「たかはし」や「普通の人」の妄想に付き合わねばならないのか? しかも、疑問に対してちゃんと答えている私に、「冷静になった方がいいですよ!」は失礼だろう。

そうした彼の態度の問題を指摘すると、先の「泥棒に窃盗するなと説教されている……」発言や、「先生が冷静になった方がいいというのは事実の指摘です」、といった失礼極まりない発言が続いた。たまりかねて、「君は他人とコミュニケーションしようとする姿勢がない」、と言うと、「その言葉そっくりお返しします。御自愛ください」、という「たかはし」の台詞で、この不毛なやりとりが終わった。そして「たかはし」は以下のようにツイートした。

---

⑧ 自分を客観視できず。プライドだけが膨れ上がった惨めな老人。やっぱり、配偶者というのは重要で「あなた、おかしいわよ」と言ってくれるのは重要なことなのだろうなと思う。気をつけなければ……

この言いぐさに対して特にコメントする必要はなかろう。「たかはし」はこういう人間だったのである。やれやれと思っていたら、「たかはし」のツイートに刺激されて、この手の騒ぎに便乗したがる輩が再び湧いて出て、騒ぎ始めた。第二二回（『FOOL on the SNS』一三七頁〜）で言及したSkinnerianを名乗る〝学生〟は前回の自分のブログ（Skinerrian's blog）の記事を再びツイートし、この記事には、ひどい勘違いによる記述があるのだが、「たかはし」が脊髄反射でその勘違いの記述に飛び付いて、見当外れのツイートを続けた。

⑨ 選択公理 axiom of choice を擁護することは、妊娠中絶を認めること（pro choice）と関係があるとか

←

⑩ これまじか wwwwすげー wwww

←

⑪ あーアレだよね確かにアーレント的に意味をなすよね…アーレント的に…

バカに付ける薬はない、「すごい！」のはどっちだ、としか言いようがない。Skinnerian も高橋も全然気が付いていないようなので、一応指摘しておくと、数学の「選択公理 axiom of choice」と「妊娠中絶」を認めるという意味での〈pro choice〉が関係していると主張しているポストモダン思想家というのは実在しない。

ソーカルのインチキ論文にそういうことを言っている人がいるかのような思わせぶりな記述があるだけである——インチキ論文の中の記述であることを忘れると、おかしなことになる。あと、『知の欺瞞』の方に、ある思想家の選択公理を不正確な理解で比ゆ的に使っているという批判が出ているが、これは中絶とは全く関係がない。恐らく、Skinnerian がポモはひどいことを言っているに違いないという思い込みから、この二つを勝手に合成して話を作ってしまったのだろう。それを実際に誰かが言っているのか確かめようともしない。

私はそういう人間に対して、デリダとかクリステヴァの議論の本筋は似非数学でも似非物理学でもないですよ、と教えてやるのは不可能だと言っているのである。

「たかはし」は、その作り話を真に受けているのだから、どうしようもない。ところで、「アーレント的には」、とはどういう意味だろう。多分、私がアーレントに関して何冊か本を書いているので、選択公理と中絶を結び付けたのはアーレントで、〝アーレントの欺瞞〟が暴かれると、飯の食い上げになるので、私が必死で擁護していると妄想したのだろう。よくもこれだけ自分の妄想を信じ込めるものだと感心する。念のために言っておくが、アーレントは数学の集合論とも中絶権論争ともほとんど縁がないし、彼女を〝ポモ〟だと言う学者や批評家は皆無である。

「たかはし」に便乗した連中の中で目立ってひどかったのは、東浩紀氏や千葉雅也氏など、日本版ポストモダンの代表的論客と見なされる人たちに難癖をつけて目立とうとする、自称文芸批評家の山川賢一である。山川のツイートにも番号を付けておこう。

> ① 仲正先生、『集中講義！ 日本の現代思想』で、ポモが勢いを失った理由としてバブル崩壊だの共産主義崩壊だのをあげつつ、サイエンスウォーズとソーカル事件にはいっさい触れてない。逃げたわけですよ。／

←

> ② いやあ、「ポストモダンとは何だったのか」というサブタイの本で、ポストモダン言説史を２０００年代まで語りつつ、ソーカル事件に一切触れないってのは卑怯者としか言いようがないですからねえ。議論する価値もないです。

←

> ③ 関係あるのか知らないけど、おれが知の欺瞞を援用した千葉雅也批判 https://note.mu/shinkai35/n/n37779516e099 ... を書いた数か月後に仲正のポモ擁護記事が出たので、個人的に

タイムリーだった記憶がある

本当に呆れ返る。サイエンスウォーズとソーカル事件が、日本の現代思想において特筆すべき重大転換点だと誰が決めたのか？　『集中講義！　日本の現代思想』は、主として現代思想の社会史的背景について論じた本である。

山川は、ソーカル事件が、全共闘、石油ショック、産業構造の転換、冷戦の終焉、バブル経済、グローバル化、大学制度改革などと同じレベルの大事件だとでも思っているのか。

これまでの彼の雑なこと極まりない言動からすると、ソーカルに論破されたせいで、ポストモダンが衰退したと言いたいようだが、論争の勝ち負けで思想のブームが決まるなどと思っているのか？　まるで、一昔前の頭の固いマルクス主義者のような発想だ。

山川は、名古屋大の大学院で、モード論で有名なロラン・バルトについて研究していたらしいが、これがバルトを学んだ人間の発想だろうか？　こんなつまらない決め付けしかできないようであれば、フランス文学・思想の研究で挫折するのは当然だ。それに、私のことを卑怯者で論ずるに値しないと断言したあとで、「個人的にタイムリーだった」と、自慢気に書き込むのはどういう思考回路か？

山川がツイッターでアップしている千葉雅也論は、ルサンチマンの塊のような文章なのでそれこそ論ずるに値しないのだが、言いがかりをつけられてしまった行きがかり上、少しだけコメントしておく。

「千葉雅也のアンチ・エビデンス論について」というタイトルの彼の文章は、千葉氏の文章が難解であるということと、エビデンスをめぐる問題を——意図的にか論理的混乱からか——混同している。この二つは別問題である。統計資料などのエビデンスをふんだんに示している文章だからといって、読みやすいとは限らない。にもかかわらず山川は、千葉氏の「論文のスタイル」ということで強引にくっつけている。しかも、そこにソーカルによるポストモダン批判を無理やり絡めている。数学的概念の比喩的使用の是非というのは、これまた、全く違う問題である。

山川は、「ポモの代表＝千葉雅也」という前提で、ネットの知ったかぶり連中が「ポモ的」だと思っているものを、全部千葉氏におっかぶせようとしているように見える。ちゃんと批判したいのなら、エビデンスの問題と文体の問題とソーカル問題をきちんと区分けすべきである。

私は千葉氏や東氏とさほど接点があるわけではないので、積極的に擁護したいとも批判したいとも思わない。ただ一つ言えることは、「ソーカル事件で日本の現代思想史が終わった！」と決め付ける山川のような自称批評家よりも、彼らの方が遥かに哲学・思想史研究におけるエビデンスを重視しているということである——山川などと比較するのは、本当のところ、彼らに対して失礼なのだが。

「たかはし」と同様に山川も、〝ポモ論客〟たちがインチキ論文で楽に出世していると主張するのであれば、自分で査読付き学術誌の論文に投稿し、業績を作り、どこかの教員ポストに応募してみるべきだ。自分でやってみる勇気もない卑怯者のくせに、憶測で他人を誹謗して悦に入っているのであれば、山川は最低の屑である。

〝ポストモダン系〟の思想は九〇年代に入って、八〇年代ほど一般的に注目されなくなったが、バタイユ、ラカン、デリダ、ドゥルーズ、フーコー、アガンベンなどの影響を受けている、人文系の若手研究者は今でも少なくない。現に東氏や国分氏、千葉氏等は注目されている。本当にポストモダン系の思想の研究をしているということが、穴があったら入りたいほど恥ずかしいなら、山川が嫉妬で狂う理由もない。

テキストもまともに読まずポモ批判を繰り返す横着ぶりこそが問題なのだ

あと何人か、見当外れのツイートをした人間に触れておく。「偽トノイケダイスケ（久弥中）@gannbattemasenn」という人物が、この問題を整理するふりをして延々と連投し、最後に以下のようにツブヤいている。

> 僕が思うに、ポモが失墜したのって、ソーカル事件そのものよりも、その後のアフターケアが、今回の仲正さんのように権威主義的だったからじゃないの？　と思える。これ、あずまんの件もそうだったけど、この手の人間は何時も「これは複雑で単純な批判は受け容れられない」でスルーしちゃうんだよね。

基本的に「たかはし」や山川と同じ発想である。ソーカル事件だけをきっかけに「ポモ」が失墜したということを自明視している。アフターケアとかっているが、一般読者だった人が、ソーカル事件をきっかけに絶望して、離反したことを示すデータでもあるのか？

研究者志望の学生がソーカル事件でショックを受けて研究の方向性を換えたとか、文系の研究者になることへの希望を失ったとかいったケースが多発したのであれば、「アフターケア」という言葉に多少の意味があるかもしれないが、そういう人間が一人でもいたら、是非その時の心境を聴いてみたい。

また、「たかはし」に関して指摘したように、私が「権威主義」だというのも言葉の濫用である。「読んでもないテクストを批判したつもりになるのはやめろ」、と言うのが権威主義なのか？　横着者には、それが権威主義に聞こえるのかもしれないが、おまえは〝究極のゆとり〟か？

竹内龍樹@takeuchitatsukiという人物は以下のような、よく意味の分からないツイートをしている。

> 中沢人事騒動で中沢擁護派（駒場教養派）がポストモダン擁護の立場に回った時点と今とでは、だいぶ時代条件が変わっている。条件変化を十分に考慮できぬまま、仲正昌樹も単に守勢（むしろ「守旧」か）に回っているように見えるのは、「人文系」にとってはピンチではなくチャンスのはずだ。

山川や「たかはし」と同様に、私が〝生き残りをかけて〟下手な論壇政治をしようとしているとでも思っているのだろうか？　そう思っているのであれば、私が現在どういう風に追い詰められているか教えてほしい。また、私にとって「条件変化を十分に考慮」した生き残り戦略がどういうものか知っているのなら、切実な問題なので是非ともご教授願いたい。

OokuboTact（中二病）という人物は、「しかし仲正昌樹氏（法哲学教授）のソーカル事件に関する話は酷い」と言っているが、何がひどいのか。繰り返し述べているように、読んだこともないテクストについて一方的な悪口を言うのは不毛だ、と言うことのどこが酷いのか。酷いのは、何が話題なのか分かりもしないのに他人の悪口を言っているおまえだろう。

「墓碑銘 @_bohimei」という人物が、以下のような失礼な言い方をしている。

> アカデミアの人間が書いたインターネット上のソーカル事件についての纏まっていて一定の水準にある文章は理系かつソーカルに賛意する人間が書いたものが多いが、人文系でソーカルに批判的な人間によるものは仲正なんかよりこれ読んだらいいと思う https://ocw.kyoto-u.ac.jp/ja/general-education-jp/introduction-to-physics/html/physics/sokal1.html/skinless_view ...

私の『極北』の連載はもともとただのコラムである。論文的なものとして書いたつもりはないし、読めば分かるだろう。ソーカル事件を第三者的に紹介した書籍も何冊か刊行されているので、私が今更解説するまでもない。

私は、ソーカルの批判それ自体ではなく、それに便乗して訳も分からず騒いでいる自称SNS論客のことを問題にしている。そんなことも分からないくせに、「アカデミアの人間」とかいう変な範疇を持ち出して、私をけなそうとするおまえの精神状態はどうなっているのか？　ネット上で読める簡単なソーカル事件の総括として早川先生の文章を紹介したいだけなら、私の悪口を言う必要などないだろう。さっさと、墓穴に入れ！

最後に念のためにもう一度言っておく。

ラカンやクリステヴァなどのテクストの一部に、数学用語なのか比喩なのかはっきり分からない表現が多用されていて、紛らわしい、数学用語を使うのならもっと正確に使え、という批判であれば、その通りだと思う。

論旨が分からなくなるような比喩表現は控えるべき、という議論には私も賛成である。そこから話を飛躍させて、「ポモに内容がなかったことが証明された！」「ポモ大破産！」とか言って喜んでいるような輩を問題にしているのである。

批判対象になっているテクストを読もうと努力さえしないまま〝ポモ批判〟を続けることを恥じと思わない山川等の横着さには心底あきれ果てた。読まないで〝批判〟するのが当然と思いこんでいる奴は、話が通じない人外の存在である。

ポストモダンをめぐる大陰謀論

二〇一七年三月五日

〝ポストモダン〟の思想をやたらに目の敵にし、何かと口実をもうけて攻撃したがる人たちには、〝ポストモダン〟を社会的に影響力がない滑稽なグループとして小ばかにする一方で、〝ポストモダン〟を大学界に巣食って甘い汁を吸い、社会全体に悪影響を及ぼしている、悪の権化であるかのように言う傾向がある。前回で話題にした「たかはし」や山川賢一の発言がその典型だ。言っている当人たちは、矛盾しているとは思わないようである――ウヨク／サヨクがお互いの悪口を言う時も同じような傾向がある。

彼ら、ポストモダン批判クラスターの議論は、二つの大きな勘違いに基づいている。

一　「ポストモダン」は一つの基本的な学説を共有する理論共同体であり、その理論の一部にでも矛盾が見つかると、体系全体が崩壊する。

二　「ポストモダン」は利害関係を共有する、グローバルな学閥組織であり、各大学の人事や予算獲得の面でお互いに支え合っている。

この二つの前提に立って考えると、ソーカル事件のような事態が起れば、「ポストモダン」の理論的破綻が明るみに出されるだけでなく、社会的地位も失うことになるので、「ポストモダニスト」たちは必死に誤魔化そうとする、という推測が成り立つ。

無論、完全な見当はずれである。右の一、二の「ポストモダン」を、iPS細胞研究とか、ニュートリノ研究、地震予知研究とかに置き換えれば、それなりに意味のある文章になるだろうが、「ポストモダン」をこれらの自然科学の分野と同じレベルで扱うのはナンセンスだ。

基本的な間違い

何度も言っているように、〝ポストモダン〟は人文系を中心とする学際的な研究のスタイルあるいは傾向にすぎないので、仮に一部の理論家が明らかに非科学的な前提で理論を構築していたとしても、芋づる式に他の理論家たちの仕事が全否定されてしまうなどということは考えにくい。ましてや、ソーカル事件でクローズアップされた数学や物理学の概念の不正確な使用は、やり玉に挙げられている理論家たちの議論の主要な部分とほとんど関係ない。

また、ポストモダンに統一理論のようなものがあることを前提にして各大学にポストモダン系の研究室が設置され、ポストモダン系の教員ポストが割り当てられているわけではなく、ポストモダン統一学会のようなものもない。

従って、世間的に〝ポストモダニスト〟と思われている人たちが一丸となってお互いにかばい合わねばならない理由はないし、自分と違うテーマで仕事をしている人の学問的に致命的なミスが見つかったとしても、あまり気にしない。良くも悪くも各研究者の独立性が高く、運命共同体というにはほど遠い。

精々、一部の思想系雑誌の常連執筆者とか、論集やシンポジウムの企画を複数回一緒にやっている人たちが、多少の仲間意識を持っているくらいである——山川のような自称文芸評論家にとっては、そうしたごく数人の売れっ子たちのお仲間的な共同戦線が、気が狂いそうになるくらい腹立たしいのかもしれないが。

もしｉＰＳ細胞がＳＴＡＰ細胞と同じ様にインチキだったことが判明するというような事態が起こったとすれば、分子生物学や再生医療研究の多くの研究者が職を失い、いくつもの国家的研究プロジェクトが崩壊しかねない大事件に発展するのではないかと想像できるが、〝ポストモダン〟にはそうした密な理論面・組織面での繋がりはない。

〝ポストモダン〟に限らず、文系の学問分野のほとんどは、たとえ同じ学会に所属する人同士であっても、理系のような密な関係がないので、一人二人の有力な研究者の理論上の過ちが全体に波及して、大混乱に陥るというような可能性は低い。それに近いことがあるとすれば、心理学とか考古学のような理系的手法を使い、それなりに多くの予算と人員を導入する必要がある分野だけだろう。

普段から文系の学問はいい加減だ、ポストモダンは特にひどいと言っている連中が、都合のいい時だけ、理系の場合と同じような前提で批判するのはおかしなことである——ソーカル教信者の大半は、そもそも大学にまともに通ったこともなく、専門的な学問研究の仕組みを全く知らないで、ソーカル事件を紹介する文献の孫引き、ひ孫引きで、〝ポストモダン〟を漠然とイメージしているだけかもしれないが。そもそも〝ポストモダン〟と呼ばれる学問上の傾向がどういうものを指すのか不明確なので、いろんな人が自分に都合のいい意味で、〝ポストモダン〟という呼称を使っている。肯定的な文脈では、以下のような意味で使われることが多い。

ポストモダンを整理する

(1) 近代哲学の限界を明らかにし、その「後」の可能性を考えようとする思想の潮流
(2) 近代哲学というより、近代科学全般の方法論を批判的に問い直そうとする思想の潮流
(3) 近代的な学問の専門の境界線を越えて学際的・横断的なアプローチを試みる思想の潮流
(4) 近代的な制度として確立された論文とは異なるスタイルでのテクスト構築の試み
(5) 近代社会の前提になっている合理性や効率性、道徳規範等を批判的に問い直そうとする思想の潮流
(6) 消費文化やメディア環境によって大きく変容した資本主義あるいは市民社会の新しい現実に関心を向け、分析しようとする思想の潮流

当然、この内のどこに重点を置くかで、〝ポストモダン〟の範囲は異なってくる。哲学や文学（研

究）の専門的な領域で、ポストモダンかどうかの線引きの基準になっているのは、主として(1)で、文脈に応じて、(6)と(3)(4)が加味されていることが多いのではないかと思う。(1)を軸にすると、ラカン、ドゥルーズ、フーコー、ボードリヤール、デリダ、ガタリ、クリステヴァなどのビッグ・ネームが大体網羅できる。ただ、(1)を中心に考えるにしても、個々の理論家ごとに、

(a) 現象学や実存主義をどう評価するか
(b) ヘーゲルをどう評価するか、評価する場合、どの部分か
(c) 構造主義的な方法論を取るのか
(d) ソシュールやパースの記号論をどう評価するか
(e) 精神分析に対してどういう態度を取るのか、フロイトとラカンを連続的に理解するか
(f) マルクス主義に対してどういう態度を取るか……

といった重要な点でかなりの相違がある。だから、〝ポストモダン〟と一括りにされることを好まない理論家が多い。山川は、難しい文章で煙に巻くのがこれらの思想家の共通点であると強弁しているが、雑すぎて話にならない——山川の読解力が低いだけの話だろう。

(2)や(5)を基準にした場合、範囲がかなり広くなり、取りようによっては、マルクス主義的左派とかカルチュラル・スタディーズ、ポストコロニアル・スタディーズ、フェミニズム、ジェンダー・スタディーズなど——簡単に言うと、左派思想全般——がほぼ丸ごと含まれてしまう。

その逆に、(2)と(5)を拡大解釈した)「反近代」という括りで、新人種主義とか、ニュー・エイジ運動、スピリチュアル運動とかが〝ポストモダン〟扱いされることもある。デリダやドゥルーズなどに依拠した研究をしている〝典型的なポストモダニスト〟からしてみれば、マルクス主義者や極右の言説に対する責任までおっ被されたら、たまったものではない。

サイエンス・ウォーズ(ソーカル事件)に登場したソーカル、ブリクモン、ブーヴレスや、ポスト・ソーカルの論客としてよく引き合いに出されるジェイムズ・ロバート・ブラウンなどは、(1)を軸に定義される狭義の〝ポストモダニスト〟と、(主として(2)に対応する)ファイアーアーベントやラトゥール等の批判的科学社会学者を一括りに〝ポストモダニスト〟と呼んでいる。誤解しているのか、意図的に風呂敷を拡げているのか分からないが、それが混乱の原因になっている。

デリダやドゥルーズのテクストを研究している人間からしてみれば、我々と社会構築主義者の反自然科学的言説の間に何の関係があるのか、としか反応しようがない。『知の欺瞞』や『なぜ科学を語っているのか』を聖書扱いして、これらのテクストを読めと連呼している信者たちは、そういう肝心なことが分かっていない。

ところで、前回取り上げた私に対する誹謗ツイートのしばらく後、山川賢一がまた性懲りもなく、〝ポストモダン〟を叩くための大げさな物語をでっちあげ、ツイッター上で連投した。取るに足りない雑な論だが、もともと私に対する誹謗中傷に端を発したツイートであり、上記のポストモダン批判クラスターの勘違いの典型的な例でもあるので、一応論評しておこう。彼の当該ツイートは以下の通りである。

①　ポストモダン今後は影薄くなっていくでしょうね。

←

②　ブランクスレート説（の精神は生まれたときほぼ白紙で、環境などがその内容を決めるという説）が事実上相手にされなくなったので、ポストモダニストも最近ソシュールの話をしなくなったよな。

←

③　ポストモダン思想はブランクスレート説（人間の精神は生まれたときほぼ白紙で、環境などがその内容を決めるという説）もとづいていて、この説は『虐殺器官』でもジョンやルツィアがバカにしていたように、科学的には基本終わってる説。

←

④　ポストモダンはソーカル事件のまえ、ブランクスレート説が実証研究により否定される

ことですでに死に始めていた。①読みにくい文章による「あなたは誤読している」論法と②ゲーデルなんたらで実証はあてにならない的屁理屈、の二重防壁で外野の批判から逃げてただけ。この防壁を破壊したのがソーカル。

←

⑤　ソーカルの功績は①ポストモダニストの著書に、著者もよく意味のわかっていない文章が混入していた②ポストモダニストは科学や数学の知識がない、の二つをあきらかにして二重防壁を崩したこと。以降ポモはＥ・Ｏ・ウィルソンやピンカーのような反ブランクスレート論者の批判をもろに食らう形になった。

←

⑥　２０００年以降の欧米文学、ロッジの『考える…』、ウエルベックの『素粒子』、カリー・ジュニア『神は死んだ』にはポモＶＳ生物学を踏まえた人間観の対立が描かれてる。欧米ではこの構図はあるていど常識だったから。

←

⑦ この構図を踏まえないと、ソーカル事件はただの揚げ足取りに見えかねない面もある。『科学を語ってなぜすれ違うのか』『社会生物学論争史』『人間の本性を考える』あたりを読むと、ソーカル事件は大きな流れの中の一転機だったことがわかってくるよ。

すぐにおかしいと気付くのは、「ブランクスレート」説なる言葉の濫用である。「ブランクスレート」説というと、何か新しい概念のように聞こえるが、これは高校の倫理などで習う、「タブラ・ラサ（白紙）」という考え方のことである。高校の倫理レベルの哲学史の知識があれば分かるように、タブラ・ラサは、ロック以降のイギリス経験論の基本にある考え方である。

イギリス経験論の系譜に連なるのは、構造主義／ポスト構造主義等の（(1)の意味での）〝ポストモダン系思想〟ではなくて、むしろこれと水と油の関係にあると思われている分析哲学である。西欧哲学史の常識があれば、「ブランクスレート」説批判を、「構造主義」批判とほぼイコールで結ぶのは見当外れであることが分かるはずだ。山川には高校生や大学一年次の哲学概論レベルでの常識もないのだろうか？

ひょっとすると、現代では、「ブランクスレート」説を代表するのは、分析哲学など他の哲学的潮流ではなく、〝ポストモダン〟だと言いたいのかもしれないが、だったらどういう背景からそう考えるのか説明すべきである。

ソシュールへの言及で、それを説明しているつもりかもしれないが、説明になっていない。ソシュールの構造主義が狭義の〝ポストモダン思想〟に影響を与えたのは間違いないが、ソシュール自身が〝ポストモダン〟と見なされることはまずない。

そもそも、構造主義言語学や記号論と、「ブランクスレート」説はお互いに相容れない対立関係にあるのか？　山川の頭の中ではそうなっているのかもしれないが、きちんと説明しないと話が通じない。

また、山川は「ブランクスレート」説が「事実上相手にされなくなった」と言っているが、どういう分野での学問的論争を経て、この説が葬られたというのか？　それに対する説明がない。出典を挙げていない所を見ると、どこかで聞いた話を受け売りしているだけ、という可能性が高い。

親切心で教えておこう。「ブランクスレート」説という言葉を広めたのは、山川が⑤で名前を挙げているピンカーで、主として、⑦で言及されている『人間の本性を考える』でこの議論を展開している。この本の原題は、《The Blank Slate: The Modern Denial of Human Nature》である。NHK出版から出ている邦訳のタイトルは、『人間の本性を考える――心は「空白の石版」か』である。恐らくこれが元ネタだろう。

ただし、ピンカー先生が言っているからすべて正しい、というわけにはいかない。ピンカーは専門としては、児童心理学者もしくは認知科学者である。にもかかわらず、彼は認知科学や心理学など、「心」に関する自然科学的研究の諸領域だけでなく、社会科学や人文科学まで含めた学問全般、延いては、社会制度や規範全般が「ブランクスレー

スティーヴン・ピンカー（1954年〜）

ト」説によって構築されているという前提に立って、それら全てを批判するという大風呂敷の議論を展開し、話題を呼んだ。

当然、彼の専門から遠い所では、批判の前提が漠然としており、藁人形論法ではないかとの批判を各方面から受けている。哲学方面の議論は、藁人形感がかなり強い。

『人間の本性を考える』を読んでみると、ピンカーが哲学における「ブランクスレート」説として念頭に置いているのは、〝ポストモダン〟ではなく、イギリス経験論に代表される近代哲学全般であることが分かる。「ポストモダン」についても少しだけ言及しているが、これはイメージや表象の生得性について論じる文脈に出てくる議論であって、別に「ポストモダン」を「ブランクスレート」説の代表に見立てて徹底批判しているわけではない。

しかも、ポストモダニストの具体名を挙げているわけではない。山川がこの本にちゃんと目を通して、普通に理解していれば、とてもポストモダン批判の書として引き合いに出せないだろう。

⑤で名前を挙げているO・ウィルソン——正確にはE・O・ウィルソン——というのは、「社会生物学」という七〇年代に登場した比較的新しい分野の研究者である。創始者は彼自身である。

人間を含む生物の社会的行動全般を研究対象とするこの分野は、生物学の他の分野に比べて、直接的に実証できないファジーな部分が大きい。だから、ウィルソンの議論を契機として「社会生物学論争」が起こった。論争の当事者になるような先鋭的な議論をする人を、生物学の代表のような形で引き合いに出すのはミスリードである。

山川が⑦で挙げている『社会生物学論争史』は、その社会生物論争の経緯を科学社会学者セーゲルストローレがまとめたものである。当然、論争の主たる当事者は、生物学者、心理学者、文化人類学者などであって、〝ポストモダニスト〟ではない。社会生物学論争とサイエンス・ウォーズが一部交差した経緯について説明している章があるが、その章では、ソーカルやウィルソンが議論を自らに有利に展開するために、「ポストモダニスト」と「社会構築主義者」を戦略的に混同しているふしがあること、論敵を「ポストモダニスト」とレッテル貼りしていたことなどが細かく指摘されている。この本も自分でちゃんと読んでいれば、反ポモの教科書的なものとして参照できないはずである。

問われるのは山川の恥ずかしい読解力である

山川は自称文芸批評家であるので、文学作品くらいは多少まともに読めるのかと思っていたら、どうもそうではないようだ。③で『虐殺器官』のルツィアやジョンが、ポストモダンをバカにしている、と述べているが、これは、この二人の登場人物のどの発言を指しているのか？ 実際読んでみれば一目瞭然だが、直接的に「ポストモダン」を批判するような発言は出てこない。

山川がどの箇所を念頭に置いているのかほぼ見当がつくが、その個所でからかわれているのは、少なくとも直接的には、ポストモダンの思想家の理論ではない。従って該当箇所を明示したうえで、それが実はポストモダンに対する当てこすりになっていることを論証しないといけない。

恐らくちゃんと説明できないので、ぼかした言い方をしているのだろう。ひょっとすると、うろ覚えのせいで、別の対象に対する批判がポストモダンに対する批判に置き換わってしまったのかもしれない。

⑥で挙げている三つの海外の文学作品についてもそうである。「ポモ vs 生物学」の図式らしきものが直接的に読み取れるのは、この内一つだけである。他の二つについては、「生物学と「ポモ」の対立構図があると主張するには、物語全体を要約したうえで、どの要素が「ポモ」の寓意もしくは隠喩になっているのか明らかにする必要がある。ポストモダニストらしき人物がちょっと登場しただけで、その人物が、生物学主義の視点から批判されていると即断するのは、根拠のない思い込みだ。

また、「ポモ vs 生物学」図式らしきものが部分的に見受けられる作品についても、それが本当に「ポモ批判」になっているのか、「ポモ」と対決しているのは、オーソドックスな生物学なのか、ちゃんと確かめておくべきだ。

そもそもの話として、仮に小説の中で、ある学説とか思想、芸術の様式などが登場人物によって批判されたり、カリカチュア的に描かれているからといって、それを作者自身の考え、あるいは、社会的に認知された事実と見なすべきではないだろう。そういうベタな受け止め方をするのは、文学作品の読み方を知らない人間である。そうした描き方と、作者自身の思想が一致している場合もあるが、それを示すには、先ずどういう性質のテクストか論ずる必要がある。

より根本的な問題として、「ポモ」が自然科学の側から批判されて、理論的基盤を喪失したと主張したいはずなのに、何故、文学作品を引き合いに出すのか？

著名な文学者の認識は、自然科学の代表的な見解を代弁しているとでも言いたいのか？　山川は、千葉雅也氏などのポストモダニストは、文学的に凝った文体で肝心な所を誤魔化していると言っていたのではないか？　山川自身は、文学的に稚拙な文体で誤魔化そうとしているとしか思えない。

(i)　該当箇所を明示したうえで自分の解釈の適切さを示す
(ii)　個々の表現が作者の意図の表明なのか、寓意や隠喩など別の意味が込められているか検討する
(iii)　その作品と歴史的社会的事実との関係を考える

という三点は、文学研究・文芸評論をしようという人間にとって基本中の基本である。自分が知っているキーワードに飛びついて、そこから勝手に都合のいい話を作り上げるのは、高校生以下である。山川は名古屋大学の文学研究科で何を学んだのだろう？　指導教官だった先生が気の毒である。

最後に一言。基礎的な国語力のない奴は、学問的な「論争」に首を突っ込むべきではない。

偏狭な「敵／味方」思考で退化が進み、棲息域が狭まる反ポモ人たち

二〇一七年四月六日

前々回、前回と、山川賢一やたかはし@調布圧倒的成長部@tatarou1986といった「反ポモ人間」たちの二項対立思考、つまり哲学や文学、科学基礎論等には、ポモ／反ポモの二つの立場しかないかのような、偏狭な態度と思い込みについて論じた。

前回の記事を書いた後、ネット上でそれなりに反響があった。それを見た山川の〝信者〟らしい人物数名が、何が問題なのか訳が分かっていないくせに、ツイッター上で私に難癖をつけるコメントをした。山川自身のそれと同様に、本当に取るに足りない、悪意とバカの塊のようなコメントだが、私がこの『極北』の連載でこれまで何回か話題にした「反ポモ」のバカ騒ぎの典型のような面白い反応でもあるので、少しコメントしておこう。

まず、☆@void3107という人物の以下の書き込みについて考えてみよう。

> ふと、しんかいさんの2chスレを覗くと次々に仲正昌樹を賞揚し、しんかいさんを罵倒する書き込みがw別にしんかいさんの肩を持つ気はないが、短時間で似たような文体で多

数書き込みがｗｗｗあそこはＩＤ非表示だったけ？　…まさか、まさか、まさか、まさきかね？

どこから、こういう下劣な発想が出てくるのか？　前後のツイートを見る限り、この人物はそもそも、山川が私に対して言われもない誹謗中傷をしてきたのが事の発端であることさえ知らず、2ちゃんねるの山川関連のスレッドを見て、何となく山川批判の書き込みが多かったので、「山川様を批判する人間がこんなに多いはずはない」、という思い込みから妄想をしてしまって、私を誹謗したのだろう。

この人物はその後、2ちゃんねるでその思い込みを批判されて、多少は反省したようで、「仲正さんにあらぬ疑いをかけて悪かった」、と一応の詫びらしいことをツブヤいていたが、ちゃんとした謝罪とは言えない――自分の本名を名乗ったうえで、きちんとした言葉で謝るべきである。ただ私としては、別に誤らなくていいから、どうしてこういう「敵／味方」的な短絡的な発想で、すぐに相手を攻撃したくなるのか自己分析することを期待したい。

もっとひどいのが、自分では鋭い論客のつもりらしい「赤目無冠」という間抜けである。

① 仲正氏によると、ポストモダンは人文系のスタイルや傾向にすぎないから、一部が非科学的で間違っていても、全否定されることはないらしい。これ自体はごもっともだが、だとすると、理系に比べて体系化が進んでいないダメな学問とも言えるよね（苦笑）

←

> ② 本人はうまく言い逃れたつもりなのだろうが、この発言で「何でそんなメチャクチャなファッション感覚のゴミみたいな学問なのに、国の税金をもらえるの？」という別の問題が生じてきそうだな（笑）

前回私がタイトルにした「ポストモダンをめぐる大陰謀論」をまさに地で行くバカさ加減である。こいつは森友学園問題で政府を追及している野党議員とか被告人を尋問している検察官にでもなったつもりなのか。大学にまともに通ったこともないくせにしったかぶりをしたがる、学習能力皆無のニートが何を疑問に思おうと知ったことではない。これは既にこの『極北』の連載の二十二～二十四回に書いたことであり（『FOOL on the SNS』一三七頁～参照）、ちょっとクリックするだけで読める文章を読もうともしない赤目のような念入りのバカには言っても仕方のないことではあるが、真面目な読者向きにもう一度簡単に説明しておこう。

ポストモダンの便宜的定義

ポストモダン系と呼ばれている学者で、大学の専任教員になっている人は、それぞれ哲学、倫理学、社会思想史、社会学、経済史・経済人類学、美学、フランス文学、英文学、ドイツ文学などを専攻し、その分野の中で更に、フランス文学であれば、ボードレール研究、マラルメ研究、プルースト研究、シュルレアリスム研究などを専門にし、それぞれの領域で査読付き論文を書いたり、学会発表したりしている。

「ポストモダン」とか「ニューアカデミズム」とかいうのは、そうした領域を横断する傾向、あるいは、メディアでの紹介のされ方にすぎない。正規の研究機関や学会・研究会に所属している人にとっては、「ポモ」とか「ニューアカ」といった名称が叩かれようと、ほめたたえられようと、研究・教育を進めるうえで大した問題ではない。「ポモ学者」呼ばわりされて罵倒されたら、不快なだけの話である。

「ポモ」に対する攻撃を深刻に受け止める必要があるとしたら、自分の専門領域でちゃんとした仕事ができないで挫折してしまったものの、学者・知識人になることへの未練が捨てきれず、思想系っぽい媒体に「ポストモダン〇〇」というようなタイトル文章を書いて細々と命脈を保っているライターたちだろう。

文系の大学院生崩れには、「僕はポストモダン系の論文を書いたせいで、なかなか認められない」という下手な言い訳をする輩がいる。ただ、そういう出来損ないの見栄っ張りは、理系も含めてあらゆる学問分野に存在する。違いがあるとすれば、哲学とか仏文学とか分野をはっきり言うと、その分野の学者として就職できていないことが際立つのに対し、「ポストモダン〇〇研究」と言うと、実体が曖昧になるので、素人に対して誤魔化しやすいということがあるかもしれない。

しかし、ちゃんと大学に所属している、各専門分野の研究者から見れば、「ポストモダン〇〇」

という形容句とは関係なく、その人がまともな学者かどうかは一目瞭然であることが多い。しかし、山川とか赤目のような学者コンプレックスの強い人間には、「ポストモダン〇〇」と名乗ることで、のさばっている人間がたくさんいるかのように思えてしまうのだろう。自らも院生崩れである山川のような人たちは、〝自分と同じ程度の人間〟が許せないのかもしれない。

しかし、そうした「ポモ」に対する怨念に凝り固まっていると、他のことが目に入らなくなる。文学作品をポモ系作品／反ポモ系作品に強引に区分して、文学的センスのかけらもない〝批評〟をしたり、ポモ系とレッテル貼りした哲学的テクストに対して、ひどい誤読に基づく中傷罵倒をして、自分の方が恥をかくといったことになってしまう。

恥の実例

前回も触れたように、山川には、伊藤計劃の『虐殺器官』、ウエルベックの『素粒子』とか、デヴィッド・ロッジの『考える……』といった小説を、ポモ支持か反ポモかという観点からのみ〝評価〟しようとする傾向がある。『素粒子』にポストモダン系の思想家とされている人たちの理論的成果を否定するようなコメントがちょっと出てきただけで、「ポモがディスられている！」と言って喜ぶ。小説全体が「ポモ」をディスることを主題としているかのように——その可能性はゼロではないが、何故そう読めるのか論証しなかったら、高校生以下の幼稚な読み方である。

また、［ポモ＝相対主義］という雑な覚え方をしているせいで、『虐殺器官』の登場人物が、人間の認識は各人の使用する言語（の世界像）によって変わる、相対的なものだとする言語学上の説を批判している場面を、ポモ批判だと即断してしまう。

山川の基準だと、小説の中の相対主義的な価値観を持っている登場人物は全て「ポモ」、それを否定する人物は全て「反ポモ」ということになりそうだ。こんなシンプルな対立構造を見つけることが、批評になると思っているのだろうか。

因みに、山川はデヴィッド・ロッジの『考える……』について以下のような主旨が不鮮明なツイートをしている。

①　あー！デヴィッド・ロッジの『考える……』に出てくるポモ学者のロビン・ペンローズって、同じ著者の『素敵な仕事』（未読）に出てくるキャラか！デネットが『解明される意識』で、このロビンってキャラの話だとデリダっておれと似たような主張してるらしいな？と言及してたあいつだ！

←

②　デネットはロッジの小説『素敵な仕事』を読んで、これに登場するロビンってポモ学者の話だと、デリダの主張って微妙におれに似てるの？　と皮肉なのかガチなのかよくわからない言及をした。

←
③『解明される意識』を読んだロッジは小説『考える……』にロビンを再登場させる。同作のヒロイン、ヘレンは認知科学者ラルフと不倫の恋をしているが、ロビンの話を聞き、『私の愛人の話と似てる?・?・』と思い、ラルフにロビンのことをいう。ラルフは『ポモとか勘弁して！　あいつら科学の敵なんだよ！』

←
④つまりあのシーンはデネットへの目配せみたいなもんだったのか。『解明される意識』は『考える……』の参考文献に挙がっているので、ロッジがデネットを読んでいるのは確実。しかしせっかく気づいたのに、おれにとってはどうでもいい仕掛けだったな……

恐らく、『素敵な仕事』と『考える……』を、デネットの『解明される意識』と関連付けて、反ポモの立場を表明するマニフェスト的な小説として特徴付けようとしたものの、うまく利用できそうにないことにぼんやりと気付いてしまって、放棄してしまったということだろう。これでは、まともな文芸批評などできないだろう。山川のツイートからだけでは、何が問題になっているのか分からないので、多少解説的なことを述べておこう。

複雑さに耐えられない〝簡単脳〟の軽さ

ロッジ（一九三五〜）は英国の、英文学者でもある小説家で、自分の学者としての経験をベースにした、大学やアカデミズムを素材にした小説で知られる。『素敵な仕事 Ｎｉｃｅ Ｗｏｒｋ』（一九八八）というのは、キャンパス三部作と呼ばれている小説群の三つ目で、フェミニストの文学研究者ロビン・ペンローズと、企業の経営者ヴィク・ウィルコックスを主人公とし、二人の関係性を通して、お互いが抱えている問題が明らかになっていくストーリー展開である。

ロビンは、デリダの影響を受けて、「自己」という実体は存在せず、「私」とは私の語る言葉から成る一連の「テクスト」にすぎない、言い換えれば、「テクストの外部に存在するものはない」、と主張する、ポストモダン系の文学理論家という設定である。

ロッジは、このポストモダン系フェミニストの理論と生き方を、かなり風刺的に誇張して描いている。小説なので、ある意味、当然のことである——ポストモダン系フェミニストが風刺的に描かれているからといって、作者であるロッジ自身がそういう人物をディスっていると即断するのは、文学作品の読み方を知らない人間である。

このロビンというキャラについて、アメリカの哲学者で「心の哲学」と呼ばれる領域で仕事をしているダニエル・デネット（一九四二〜）が、その主要著作『解明される意識』（一九九二）で言及している。

デネットは、進化生物学や認知科学等との境界領域で仕事をしている、〝理系的〟な思考の人なので、ソーカルやブリクモンの主張を――かなり単純化して――真に受けている反ポモ人間たちからしてみれば、認知科学の専門的な見地から反ポモの議論を展開する頼もしい味方のように見えるかもしれない。

山川は一瞬そう思ってしまったのかもしれない。しかし、そのデネットは、「自己（意識）」を実体的なものとして措定する傾向のある近代のデカルト主義的な哲学を批判し、意識を脳の中の複数の並列するプロセスとして把握すべきという立場を取っている。

その点で、デカルトやロックの影響を受けた正統派の哲学者よりも、ロビンや彼女の背後にいるデリダに近いとも言える。デネットは、そのことに言及しているわけである。

両極端に見える思想体系の間に、思いがけない共通点があるというのは、哲学史においてたびたび見られる興味深い現象である。山川が「反ポモ」のような不毛なことにうつつを抜かさず、ちゃんとした哲学的批評をやるための意志と素養を備えていたならば、もっとましなことが言えたかもしれないが、彼にとって〝思想〟とは、「ポモ／反ポモ」のいずれかでしかないのだろう。

『考える……』（二〇〇一）は、先の三部作に続くキャンパス小説で、夫を失って意気阻喪している女性作家ヘレン・リードと、認知科学センターの教授の――理論的にはデネットに近いと思われる――ラルフ・メッセンジャーを主人公として展開する。そこに、ロビンがゲスト出演する。彼女は、ラルフが務めている大学の英文科で、〈subject〉というタイトルで講演をする。ヘレンはその講演を聴講し、メッセンジャーにその話をするが、メッセンジャーは、ロビンのようなポストモダニストの議論に対してかなり否定的な見解を述べる——山川は、作者がデネットを援用して、ポストモダニストをディスっていると思って大喜びしたのだろう。しかし、ヘレンの方は、ロビンの講演内容にかなり共感し、メッセンジャーの誤解を正そうとする。山川的な見方をすれば、ヘレンとラルフが反ポモ／ポモの闘いを繰り広げていることになってしまいそうだが、それはあまりにも子供じみた二元論である。

ラルフのモデルとも言うべきデネットが、デリダと自分の間の近さを示唆していたという間テクスト的な事実や、『考える……』自体が、英文学者出身の作者によるフィクションであることを踏まえると、事態は結構複雑である。

この複雑な関係を読み解くのが、批評や文学研究である。そういう複雑さが面倒で、「ポモはディスられているのかディスられていないか！」という、単純な二者択一の解答にしか関心がないようでは、批評や文学研究はやっていけない。複雑な関係を読み解いていくことに関心がない人間が文学専攻の院生になるのは、明らかに進路選択の誤りである。ロラン・バルトを研究テーマにしてしまうなどというのはミスマッチの極みといっていい。

ところで山川はこれだけで懲りず、ラカン派の精神分析の理論家であるミレールとその弟子に当たるスラヴォイ・ジジェクの「人間」観について、いいがかりとしか思えないようなツイートをしている。

①　ラカン派のジャック＝アラン・ミレールがしたすごい馬鹿な発言を、ジジェクがほめたたえてる記事の翻訳がウェブで読めるという情報をもらったのでシェアしときます。ブランクスレート派のアホさがわかるので。

←

②　けものフレンズ派ラカニアン五歳さんの感想はまだなのか。我々の側は「すごーい！！ミレールとジジェクらラカン派の見解によれば、動物の脳をレーザーで破壊すると本能から解放され人間的になるんだね！！これがフレンズ化の原理なのかなあ？？」と応戦する準備はすでに万端なのだぞ。

メディアミックス作品「けものフレンズ」のファンでもあるラカン派のツイッタラーと、山川とのやりとりが前提になっているので、脈絡が分かりにくくなっているが、要は、「動物の脳をレーザーで破壊すると本能から解放され人間的になる」とミレールやジジェクが主張していると、山川が思い込み、その思い込みに基づいて、ラカン派の精神分析＝ブランクスレート派をディスっているわけである。山川の言っている「ブランクスレート派」という概念がかなりあやふやなものであることは前回論じたので、ここでは繰り返さない。山川がやり玉に挙げているジジェクの議論は、〈Repeating Lenin〉という論文の一節（https://www.marxists.org/reference/subject/philosophy /works/ot/zizek1.htm）で展開されている。日本語訳というのは、以下のＨＰに掲載されているものだろう。
http://d.hatena.ne.jp/pilate/20140723/1406103047
該当箇所の原文は以下の通りである。

It is only now, however, that the true experiment begins: the scientists performed a surgical operation on the rat, messing about with its brain, doing things to it with laser beams about which, as Miller put it delicately, it is better to know nothing. So what happened when the operated rat was again let loose in the labyrinth, the one in which the "true" object is inaccessible? The rat insisted: it never became fully reconciled with the loss of the "true" object and resigned itself to one of the inferior substitutes, but repeatedly returned to it, attempted to reach it. In short, the rat in a sense was humanized; it assumed the tragic "human" relationship towards the unattainable absolute object which, on account of its very inaccessibility, forever captivates our desire. On the other hand, it is this very "conservative" fixation that pushes man to continuing renovation, since he never can fully integrate this excess into his life process. So we can see why did Freud use the term Todestrieb: the lesson of psychoanalysis is that humans are not simply alive; on the top of it, they are possessed by a strange drive to enjoy life in excess of the ordinary run of things and "death" stands simply and precisely for the dimension beyond ordinary biological life.

ポイントになるのは、〈humanized〉とか〈human〉といった言葉だが、前後を見れば〈humanized〉には〈in a sense〉が付いており、〈human〉には括弧（“”）が付いている。

精神分析の知識がなくても、常識的な英語力か国語力があれば、ラットの身体にSF的な変化が起こって、人間への進化の第一歩を踏み出した、というような話ではないことは分かるはずだ。ラカン派精神分析あるいは、それを乗り越えることを目指したドゥルーズ／ガタリの分裂分析の言説では、客観的記述なのか比喩なのか、何か別の文脈を寓意的あるいはアイロニカルに示しているのか、専門家にも分かりにくい箇所が多々あるが、この箇所は比喩であることが明白だ。ラカン派精神分析の固有の言葉遣いに詳しくない人でも、フロイトの「欲動」論に関する基本的知識さえあれば、このくだりでジジェクが言わんとしていることは極めて明瞭である。SF・ファンタジー的な話ではない。

議論の前提になっているフロイトの「欲動」論そのものがおかしいとか、どうやってそれを証明するのかという批判であれば、意味があるが、邦訳サイトの「ラットは人間になったのだ」、という表現を見つけて、有頂天になるのは、中学生並みの誤読である。

山川は、ポモの文章は比喩表現が多くて分かりにくいとしょっちゅうツブヤいているが、どうして自分の都合いい所だけは、文字通りの意味にとってしまうのだろう？　〝ポモ〟に対する憎しみと、基礎的国語力の欠如の合体技としか思えない。

ただ、この手の早合点は、山川たちの教祖であるソーカルやブリクモンにも見られる。『「知」の欺瞞』の「ドゥルーズとガタリ」の章で、彼らは『哲学とは何か？』（一九九一）の一つの章（第五章「ファンクティヴと概念」)に見られる、ドゥルーズ／ガタリの数学概念の誤用・濫用を指摘している。しかし、この章でドゥルーズ／ガタリが試みているのは、「概念」とはそもそも何か、「概念」を使用するというのはどういうことかを、数学における関数の操作との対比で明らかにすることであって、数学の基礎理論によって自説を正当化することではない。

ドゥルーズたちは、ライプニッツなどの哲学者でもある過去の数学者が「無限」をどう扱っていたかといった問題を論じているが、ソーカルたちはその理解の仕方が現代数学の基本を踏まえていないという主旨の〝批判〟をする。全くかみ合っていない。ソーカルたちには、数学史上の諸概念や方法論を哲学的に分析するということの意味が分かっていないか、少なくとも、その意義を認めようとしていないように見える。

ドゥルーズ／ガタリがどういうレベルの議論をしようとしているのか大よそ把握したうえで、現代数学や物理学に関連した記述の不正確さを指摘し、正そうとするのであれば、生産的な議論になり得たかもしれないが、ドゥルーズ／ガタリがインチキ数学を基にした科学基礎理論を展開しているという思い込みで〝全否定〟しているので、見当外れな議論になっている。

確かにドゥルーズたちの言わんとしていることを正確に把握するには、初期のフッサールの問題提起と、それに対するドゥルーズたちの批判的応答、ニーチェの「力」の概念、ベルクソンの「純粋持続」論などを踏まえておく必要があるのでなかなか大変だか、数学概念らしきものに言及している以上、専門家である自分たちに理解できない使い方をするのはインチキだと即断し、相手をバカにするのは、ただの傲慢である。

ソーカルとブリクモンは、『哲学とは何か?』(の一部)でのドゥルーズ／ガタリの〝科学哲学〟が、ドゥルーズの『差異と反復』(一九六八)でのそれをリサイクルしたものだと断じているが、これはソーカルたちが『差異と反復』を読んでいないか、何が書かれているかさえ理解していない証拠である――無論、山川のような日本の反ポモ廃人たちの知ったかぶりに比べると遥かにましだが。

学閥事情通の末路

ここでもう一度、「ポモ」を学派とか学閥のようなものとして実体視して叩こうとする、山川や赤目の態度に話を戻そう。先に述べたように、彼らには「ポモ」と形容される特定の知識人・学者に対するルサンチマンが大きいと思われるが、それ以外の要素として、学問の諸領域の動向を安易なレッテル貼りで分類することによって、分かった気になろうとする、知的横着さがあるように思われる。

例えば、ポストモダニストと呼ばれる理論家たちは、古典的なテクストを通常の読者には想像できないような変わったやり方で読解し、常識をひっくり返すような解釈を示すことで知られているが、ドゥルーズ、フーコー、デリダ、ジジェクなどのアプローチの仕方は、相互に全く異なる。

フロイト解釈に関しても、ラカンと、クリステヴァ、ドゥルーズ／ガタリではかなり異なるし、同じラカンでも前期・中期・後期でかなり変動している。ポストモダン・フェミニストと呼ばれている人の間でも、クリステヴァとバトラーは、主体化の問題をめぐって対立している。

レヴィ＝ストロースとアルチュセールとバルトのテクストをそれぞれ、虎の巻的なものによる先入観なしに読んで、三者の共通点を見出せる人はあまりいないだろう。〝ポモ〟と形容されている理論家たちの主要テクストをちゃんと読めば、〝ポモ〟などという名称は便宜的なものにすぎないことが分かるはずだ。だから、〝ポモ〟と呼ばわりされている学者の多くは、「ポストモダン」などどうでもいいと思っている。誤解されるのが嫌なので、〝ポモ〟という呼称に否定的な人もいれば、私のように思想史的な記述を簡便にするために、あまり気にしないで使っている人もいる。反ポモ人間たちには、そういう実体が見えていないようだ。

有名大学の文系の学生には、「○○の領域では、これまで□□学派が有力だったが、最近では▼▼学派が台頭してトレンドになりつつあり、□□は過去の遺物になろうとしている。内の◇◇研究室の●●教授は□□学派の重鎮だが、准教授の▲▲先生は▼▼に軸足を移そうとしているらしく、それで●●先生との関係が微妙になっている……」というような、勢力分布図・国盗り物語的な話を得意げに話したがる奴が少なからずいる。一年生、二年生の間は、そういう知ったかぶりで見栄を張るのもいいかもしれない。それがきっかけになって、その分野の勉強を本格的に始めるかもしれないからだ。しかし大学院生になってからも、そういう学界ゴシップ的な話ばかりして、自分の研究テーマをなかなか見つけられないとすると、問題児である。

自分固有の研究テーマに集中できないまま、「ポモは学問的にはとっくに死んでいるはずなのに、日本の思想ジャーナリズムではまだもてはやされている」とか、「X大学の哲学研究室は伝統があるけど、Y教授に政治力がないせいで、後継者が育っていない……」、といった噂話にばかり関心が行き、ネットにそんな話をせっせと書き込んでいるような人間は研究者に向いていない。

その内に、研究に関心が持てなくなって完全にドロップアウトし、自分の元々の専門だけでなく、文系学問を呪い、全否定するようになる。その反動で、よく分かっていないくせに理系を持ち上げたがる。トレンド君を早めに卒業しないと、学問に対する具体的関心がなくなって、発想がどんどん雑になり、山川にまで退化——脱人間化（dehumanize）——してしまう。

「ポストモダン」と「ソーカル事件」に便乗して目立とうとする「山川賢一とその仲間」という寄生虫はどうやって生まれてきたのか？

二〇一七年五月八日

前三回にわたって、「ポストモダン批判」の名の下に、多少名の知れた学者・知識人に対して誹謗中傷をして憂さ晴らしている、山川賢一とその仲間たちの行状と、彼らの基礎学力の欠如について述べてきた。山川は全く反省する様子もなく、四月の下旬になって、以下のようなふざけたことをツブヤイテいている。

> いや、どうもポモはソーカルの話になると予想以上に激しい反応をするので、ひたすら蒸し返していくだけでも効果はあるのかなと思って。

↓

> これからはオリジナリティのあるポモ批判はネットには書かず、定期的にソーカル事件を蒸し返していこうと思います

こいつは自分の言っていることが分かっているのだろうか？　これでは、「ポストモダン〈ポモ〉」と見なされている人をからかい、評判を悪くすることに喜びを感じる屑だと自白しているようなものである。

山川は、ソーカルとブリクモンの『「知」の欺瞞』を読んで、その内容を要約してツイートしているかのように装っているが、実際に読んでいるかかなり怪しい。単なる孫引きか、読解力と真剣さの不足による早とちりとしか思えないところが何か所もある。それらについては、この後の話の流れで順次指摘していくことにする。

このふざけたツイートに対して、学者ぶった口調で私にしばしば絡んでくる偽トノイケダイスケ（久弥中）という人物が同調し、以下のようなことを言っている。

> そもそも、ソーカル事件が「大したことが無かった」のならば（まぁソーカルに批判された人やその批判があて嵌まる人を除けば）基本的に無視すればいいと思うんだけど「大したことが無い」を延々と繰り返している時点で、流石「理性を嫌い感情を称揚する」ポモだなぁと感心する。

↓

> ソーカルの批判が「ポモ全体の思想評価には関係ない」（これはソーカルの表面的な立場も

そう）だとするならば、ソーカルの部分的批判を受け容れて「次からはこういう事が無いように気をつけましょう」でＦＡなんだけど、何故かそうには成らず「ソーカル事件は無かった」と有耶無耶にするからこそ……

状況認識がおかしい。数学・物理学の不正確な使用の問題に限定して、穏当に批判している人たちだけであれば、ポストモダン系とされる論客の多くは話し合いに応じるだろう。

山川やこいつのように、「ポモは数学の概念を間違って使用した。これはポモの理論が根底から論破されたことを意味する！」「お前たちはこれまで詐欺行為を働いてきた」「過ちを認めないポモ連中は欺瞞だ！」といった調子で喚き立てたら、到底話しをする気にならない。そういう連中に対して、部分的にでも間違いを認めるような態度を取ったら、曲解されてどういうことになるか分からない。

特に山川のように、自分でもよく分かっていない孫引きの内容を基に相手を罵倒して、快感を覚えるような人間は、相手にされなくて当然である。といっても、山川や偽トノイのような訳の分からない連中が、同じように訳の分からない連中を集めてきて、ポモ系とされる人を名指しで誹謗中傷すれば、不愉快なので、何らかのリアクションをすることもあるだろう。偽トノイの言う「「大したことが無い」を延々と繰り返し……」というのは、実体としてはそういうことである。

からみたいならもっと学力を向上させてからにしてくれ

本著五六頁～及び、六九頁～で述べたように、既にアカデミックなポジションを得、研究発表の媒体を得ている人であれば、訳の分からない外野がいくら悪口を言っても、実質的に困ることはない。ソーカル事件の本場であるアメリカでは、学会間、専門分野間、大学間でのポストや予算の取り合いをめぐる政治的事情が絡んでいるので、アメリカの状況について語る場合は表面に出ていない様々な要素を考慮に入れないといけない。

しかし、少なくとも日本では、ソーカル騒動を聞きつけた山川や偽トノイのような、〝ポモ系の学者〟にルサンチマンを抱いている輩や、それに毛の生えた程度の無教養な学者未満が、ネット上で空騒ぎしているだけなので、名指しされてしまった人が不快感を覚えるかどうかだけの話である。山川はこれまで、「ポストモダン」系と目される代表的な思想家や研究者に対して、罵倒などふざけた態度抜きで、きちんと対話をしようと試みたことが一度でもあっただろうか？　ひょっとすると本人たちはそんなことは考えたことすらなかったのかもしれない。

この後で見るように、彼らは特定の学者・知識人をいきなり罵倒しまくり、「まともに相手にできる相手じゃないな」という印象を相手に与えた後で、「何故俺を無視する！　逃げるのか？」「質問しているだけなのに、どうして素直に答えてくれないんでしょうね？」、などとしらじらしくツブヤクような輩である。

自分がまともなコミュニケーションを不可能にするような無礼な振る舞いをしていることが分からないくらい受けた教育が悪かったのか、記憶力に問題があるのか、それとも、相手の学者・知識人はどのように無礼な振る舞いをされても、〝質問〟されたら答える義務があると勝手に思い込んでいるのか――無論、連中はまともな〝質問〟などしない。本気でやっているとしたら、認知機能に根本的な歪みがあるとしか思えない。

ところで、山川や彼とつるんでこの件に関連して私を誹謗中傷している輩の中にはフランス文学・思想関係の院生崩れがいるが、彼らはこれまでソーカル、ブリクモン、ブーヴレス等によってやり玉に挙げられている「ポストモダン系」の学者たちに、数学や物理学の概念の濫用についてどう思うかと、問い合わせをしたことがあるのだろうか？

山川や彼と近い年代の元院生であれば、院に在学中にボードリヤールやデリダはまだ存命だったはずである。クリステヴァやイリガライは現在も存命である。ラカンは八〇年代に亡くなっているが、前回指摘したように、山川が早とちりでからかった（つもりになっていた）ラカンの娘婿で、後継者と目されるジャック＝アラン・ミレールは存命である。

ソーカル事件が「ポストモダン系」思想の本質に関わる大問題だと確信したのだとすれば、どうして彼らに問い合わせをしなかったのか。本当に大問題だと思ったのなら、「ポモ」の一人と目されることの多いロラン・バルトの研究をしていたはずの山川は、そうすべきである。

問い合わせをしているのなら、どこかでそれを喧伝しているだろうから、何もしなかったのだろう。どうでもよかったのか、そもそもフランス語で手紙を書くことはおろか、読むことさえおぼつかないかのいずれかだろう――恐らく両方だと私はみている。フランス語ができないのなら、英語でいいから真摯な手紙を書いたら、大物の〝ポストモダニスト〟の中に答えてくれる人はいたはずだ。

私は一度、雑誌の編集の関係で、デリダに直接手紙（フランス語）を書いたことがあるが、すぐに自筆の返事をもらった。アメリカ在住のデリダやドゥルーズの研究者――あるいは彼らを批判する側の立場の研究者――には、メールで質問したらフランクに答えてくれる人が結構いる。

ひょっとして、山川は英語の手紙さえ書けないのだろうか？　前回指摘したミレールとジジェクの記事に関する彼の頓珍漢な態度を見ていると、英語もまともに読めないのではないかと思えて仕方がない。

さて、上記のようなバカげたポモ批判を蒸し返した数日後、四月の末日に山川は、本著四九頁～に掲載した文章に対する〝反論〟として、誤読と悪意に満ちた文章「仲正昌樹のソーカル事件をめぐる記事について」をブログにのせ、それをツイッターで拡散した。それに、彼と同等のバカたちが何人かよく分からないまま食いついてきた。

以前から私に因縁を付けてくる院生崩れ、自称批評家、山川のお友達（自称医療ジャーナリストの祭谷一斗等）、いろんな事件に無理に絡んで目立とうとする下品な学者などである。

山川の文章は話の流れが悪く、私を激しく罵倒していること以外は何がポイントか分かりにくいのだが、おかしい所をできるだけピンポイントで指摘していこう。以下のように始まっている。

仲正昌樹さんが「月刊極北」の連載で、ソーカル事件にたいして意味はないという話を以前からしている。（……）さらに、最近三か月の連載は、すべてソーカル絡みの内容だ。ここではぼくも批判されている。

中略の所には、『極北』の当該の回へのリンクが貼られている。こういう出だしだと、まるで私が、ソーカル事件やポストモダンをめぐる一連の記事の流れの中で、「反ポモ」の代表として山川を取り上げ批判し始めたように見えるが、肝心な所を誤魔化している。

本著四九頁〜で述べたように、「たかはし＠調布圧倒的成長部 @tatarou1986」という人物がツイッター上で、私に対して、ソーカル事件に関連付けていきなりふざけた誹謗中傷を始めた。山川はそれに便乗し、私の著作『集中講義！　日本の現代思想』（ＮＨＫ出版）について、「ポストモダン言説史を２０００年代まで語りつつ、ソーカル事件に一切触れないってのは卑怯者としか言いようがないですからねえ。議論する価値もないです」などと述べ、私に対する人格攻撃に加わったのである。

前後のツイートやこれまでのネット上での行状から分かるように、山川はもともと、東浩紀氏や千葉雅也氏などのポストモダン系の売れっ子に絡んで、目立つことにしか関心がない奴である。彼等が相手にしてくれなくて、面白くないので、元々さほど関心がなかった私に対する悪口ツイートに便乗し、憂さを晴らそうとしたのは明らかだ。個人的なストレス解消のために、「ポストモダン」

や「ソーカル事件」、そして私を利用しようとする山川の横着さに憤りを覚えたので、三回にわたって、山川の「ポストモダン」に関する認識のおかしさ、思想史や文芸批評に関する基本的知識のなさを指摘しただけのことでしかない。

山川や祭谷はその肝心なことを誤魔化している。祭谷に至っては、まるで私の方から挑発したかのような言い草である。彼らは卑劣さそのものなのか、それとも彼らの中では、自分に都合のいいように記憶が改編されてしまうのか？

その山川が今頃になって〝反論〟と称して、再び私を攻撃し、〝結論〟として私を相手にする必要がないと宣言している——恐らく仲間内や、いつも私に絡んでくる常連向けのアピールなのだろう。

彼の言い分は、自分の理解力のなさを相手に転嫁して難癖を付ける、ひどいしろものだが、「反ポモ」を標榜してネット上で暴れている人間の思考の杜撰さ、無教養ぶりを端的に示す絶好の例なので、どこがおかしいのか指摘しておこう。

彼の文章はごちゃごちゃしていて分かりにくいが、〝反論〟らしきものは、以下の三点である。

(1) 私が山川のことを「頭の固いマルクス主義のようだ」、と形容したこと。
(2) 『集中講義！ 日本の現代思想』の中での柄谷行人の「不完全性定理」をめぐる記述。
(3) 私が連載第二十三回で、ソーカルが、インチキ論文「境界を侵犯すること」の中でポストモダン思想とニューサイエンスが結び付いているかのような印象操作をしている、と述べたこと。

ごく普通に考えれば、いずれも瑣末な問題だが、山川や祭谷の頭の中では、私の学者としての資質を疑わせるにたる大問題のようである。

検証（1）

まず、(1)について。本著六一頁〜で、私は山川の無礼な言いがかりを批判する文脈で、「これまでの彼の雑なこと極まりない言動からすると、ソーカルに論破されたせいで、ポストモダンが衰退したと言いたいようだが、論争の勝ち負けで思想のブームが決まるなどと思っているのか？　まるで、一昔前の頭の固いマルクス主義者のような発想だ」と述べた。それに対して、山川は急に真面目な人間を装って、以下のように述べている。

> このくだりを読んだときは、あまりのことにぼくも目をパチクリさせた。「論争の勝ち負けで思想のブームが決まるなどと思っているのか?」はい。すくなくとも思想潮流を左右する大きいファクターなのは間違いないでしょう。そうでないなら、なぜ人々は論争をするのだろうか。そのあとの「まるで、一昔前の頭の固いマルクス主義者のような発想だ」も謎だ。論争に負けた思想は人気を失う、というのはマルクス主義的発想なのか。

私は「論争の勝ち負けで思想のブームが決まる」と書いたのだが、山川は、それを「論争などやる意味がない。本気で論争するなどバカらしい」、という意味合いに曲解したのか、それとも、彼の言動をフォローしているツイッタラーたちにそう錯覚させたいようである。

無論、学問的な作法に則った真剣な論争であれば、学問の発達にとって有意義である。しかし、そういう論争はごく稀にしか起こらない。そのごく稀な論争も、本当に厳密な学問的な作法に則って行われていたら、一般人に知られるどころか、隣接分野の専門家にさえあまり理解されない。同じ分野の人間でも、その論争に直接参加した人でないと、内容をちゃんと把握できないことが少なくない。

例えば、一九三〇年代に初頭にハイエクとケインズの間で展開された景気の循環における貨幣の役割をめぐる論争は、両者の初期の理論について詳しくないと、専門家でさえ両者が何に拘っているのかよく分からないことで有名である。

分野を横断する論争とか、新興分野の生き残りがかかっているような論争だと、表面的には学問的な話をしているようで、学界政治的な思惑が絡んでいるので、歪んだ展開を見せることが少なくない。

この点については、山川が反ポモ本のつもりで挙げている、セーゲルストローレの『社会生物学論争史』が参考になる――無論、ちゃんと読めばの話である。「思想のブーム」というのは、ごく普通な国語力があれば、そうした広い意味での論争でさえなく、出版ジャーナリズムとか一般読者の受容のレベルでの浮き沈みのことを指している、と分かるだろう。と思っていたのだが、山川や祭谷レベルの人間には、それさえ分からないようである。

日本における思想のブームのいい加減さんについては、丸山眞男の有名な新書で的確に論じられているので、関心がある人はそれを読んでほしい――〝山川ファン〟には、こういっただけでは、通じないような気もするが、それは致し方ないことだ。

「まるで、一昔前の頭の固いマルクス主義者のような発想だ」というのは、安保世代や全共闘世代の、ある程度名前の知られた左翼系の論客とかセクトのリーダーと多少ともお付き合いがあれば、どういうことかすぐにピンと来る話だが、どうも私は、山川一派のバカさ加減を見誤っていたようである。

「Masato ONOUE @9w9w9w9」という自称社会学者尾上正人が、マルクス主義についての生半可な知識で、「理論の正否は「実践」で検証されるというのが普通のマルクス主義の立場なんで、論争の勝敗と関係あるというのは「マルクス主義的」ではありませんね。仲正とかいう人が単純にマルクス主義がわかってないだけな気します」、とツブヤイタので、山川たちはそれに気をよくして、この点をめぐってどうでもいいようなやりとりをしばらく続けていた。

この連中は、恐らく、マルクスやエンゲルスの論考を原文で読んだことも、左翼の(元)活動家と話をしたこともないのだろう。こういう連中に、「マルクス主義」について〝教えられる〟とは、相当になめられたものである。

連中は、私のことを全然知らないようだ。彼らの無知ゆえのおめでたさはさて置いて、一応、説明しておこう。

年輩の（元）左翼活動家は、「○○の理論が影響力を失ったのは、▼▼に□□の問題で論破されたからだ」とか、「◆◆は、●●に◇◇の問題を指摘されて追い詰められ、▲▲に関する見解を替えたが、そのことを黙っている」、とか言いたがる。その▼▼とか●●は、自分か、自分に近い人である。その多くは、言っている本人とその少数のお仲間のサークルの内でしか通じない、手柄（ほら）話であり、ほとんど相手にされない。

無論、こういうのは昔風の左翼に限らず、最近の〝SNS論客〟もしょっちゅうやっていることである。恐らく、本人たちは、自分たちが、昔の左翼がやっていたことを劣化コピーしているだけであることに気付いていないだけである。

山川等も、東浩紀氏や千葉雅也氏に関して、まさにこの類の〝手柄話〟をしているわけだが、本人たちが普段やっていることで形容しても意味がないので、より一般性があると思われる、「頭の固いマルクス主義者」という言い方をしたのである。しかし、山川にとっては、自分が知らないことは、全て相手の非論理性の現れということになってしまうようである。疲れる連中である。

検証（2）

(2)について。自称学生のSkinnerianという人物がブログで、私の連載第二二回に対する〝反論〟という形で、かなり雑なポストモダン批判文を書いたので、第二三回でその雑なことを指摘した

(『FOOL on the SNS』一六一頁～参照)。すると、そのことを恨みに思ったのか、しばらくしてSkinnerianは、拙著『集中講義！　日本の現代思想』における「柄谷行人のゲーデルの不完全性の定理」についての記述がいい加減だという主旨の記事を書いている。

端的に言えば、揚げ足取りである。『集中講義！　日本の現代思想』は、日本の現代思想の主要な流れを、社会史的な背景を重視しながら記述する著作である。科学哲学の本ではない。

取り上げている個々の思想家が、数学や自然科学の専門的な概念を正しく使っているかチェックする本でもない——そんな不毛な内容の本を書く著者や、それを刊行しようとする出版社がいたとしたら正気の沙汰ではない。ゲーデルの不完全性の定理について本当に正確に説明しようとしたら、本全体のそれまでの流れを断ち切って、かなりの頁数を費やすことになる。

いかなる分野であれ、包括的な性格の概説書を書こうとしたら、多少なりとも、当該分野以外のこと、あるいは同じ分野でも異なった研究テーマに属する問題に、随所で簡単に触れざるを得ない。

特に、歴史学、思想史、文学史、社会哲学、政治哲学など、歴史や社会の仕組みに関係する分野では、そうせざるを得ない要素が多い。当然そうした簡略な記述は、専門家の目から見たら、ものたりないと感じることもあるだろう。その本で扱っているテーマそのものに関心がない、よく分かっていない、他分野、他のテーマの専門家が、自分に関係している所だけ目にすると、そのものたりなさがクローズアップされてしまう。

ただ、プロの成熟した研究者であれば、「私にはこの記述は許容できないが、この本のメインテーマからかなり遠い話なので、この程度なら仕方がないのかもしれない」、というように忖度するものである。その範囲を出ていたら、ある程度批判するかもしれない。ソーカル事件というのは、その範囲についての見解のズレが問題になったわけである。

しかし、Skinnerian はその辺のことが分かっておらず、不完全性の定理のことに言及する以上、たとえ他の著者（柄谷）が述べていることの概略的な説明という間接的な言及であっても、不正確であることは許されない、という完璧症的な基準を持っているように見えた。

この後、(3)に関連して触れるように、**彼のテクストの読み方にはかなりバイアスがかかっていておかしいのだが、やたらにプライドが高く、学者のミスを見つけて批判することに喜びを見出すタイプの人間に思えたので、その時は放っておいた。**そうしたら、一年半経って、「たかはし@調布圧倒的成長部 @tatarou1986」の私に対する誹謗中傷に便乗して、その時のブログへのリンクをツイッター上でアップするなどして、私への個人攻撃を始めたではないか。

それで、揚げ足取りはいい加減にしてほしい、（上記のような意味で）不正確になっているのは認めるが、本のメインテーマとは違う話である、それを承知で批判するのなら、どういう書き方なら、許容範囲に収まるのか自分の案を示すべきだろう、という主旨のコメントを彼のブログにしておいた。

すると、山川がそれを見つけてきて、自分では何のことだか分かっていないのに、私が痛いところを突かれて、狼狽していると思い込んでしまったようである。山川はまともな本を書いたことがないのだろう――彼に本を書かせて、いっぱしの著作家のつもりにさせてしまったキネマ旬報社などの編集者の責任は決して軽くない。山川のような輩がいるので、最初、Skinnerian のことは放っておいたのである。

山川・祭谷の一派には何を言っても馬耳東風であるが、自分が批判しようとする相手の見解をちゃんと理解しておきたいという誠意のある人向けに改めて説明しておこう。「ゲーデルの不完全性の定理」は、形式化された公理系における無矛盾性をめぐる数理論理学の問題なので、その証明を、数学のように形式化された公理系を用いない他分野、特に文系の諸分野に直接応用することはできない。

これは当然のことである。アナロジーとして言及するにしても、本当に適切なアナロジーか考えるべきだろう。ソーカルに同調して〝ポストモダン〟における数学・物理学概念の濫用を指摘したブーヴレスは、不完全性定理のように高度に専門的な議論ではなく、素人でもさほど不正確にならずに扱える基礎的な理論への言及ですむのであれば、そうすべきではないかと言っているが、私もその通りだと思う――ただし、ブーヴレスは『アナロジーの罠』で、デリダやドゥルーズを直接の標的とするのではなく、普通はポストモダニストとは見なされない左派論客レジス・ドゥブレを、ポストモダンの代表であるかのように見立てて、批判を展開しているので、全体の議論の進め方はフェアではない。

人文・社会系の分野で、〝不完全性定理〟とのアナロジーで語られていることの多くは、「自己言及性のパラドックス」に関連する問題として記述した方が適切だろう。

山川等は知らないようだが、柄谷等の不完全性の定理の使い方がおかしい、正確に理解していないのではないか、との指摘はソーカル事件のずっと以前からあった。

分析哲学系の人たちはそうしたことに拘って、柄谷を批判していた。中沢新一に対しても同種の批判があった——八七年の東大駒場騒動の際、その手の批判が表面化した。ただ、思想史や文芸評論の文脈で柄谷や中沢を読んでいた人は、理系的な概念の使用の正確・不正確は表面的な問題にすぎず、一見理系的な言葉で表現されている、哲学・思想史的なテーマが重要だと考えていたのではないかと思う。

例えば、ドイツ・ロマン派の言語哲学・批評理論を研究していた私は、柄谷が「不完全性定理」と呼んでいるのは、初期ロマン派によって提起され、デリダのエクリチュール論にまで継承された、体系の完結不可能性—自己差異化的な再生産をめぐる問題だと——柄谷本人がどう思っていたかは別として——理解していた。

この辺のことについては、拙著『モデルネの葛藤』（御茶の水書房）や『危機の詩学』（作品社）を見て頂きたい。私のように柄谷や中沢の理系的な用語をあまり気にしないで、思想史的な文脈で理解していた研究者にとっては、ソーカル事件など、何を今更という感じの話である。

無論、『集中講義！ 日本の現代思想』では、柄谷が〝不完全性の定理〟と言っているものが厳密な意味での「不完全性の定理」ではなく、実体としては、体系の自己言及・自己記述をめぐる問題であることを示唆しておいたつもりだが、山川、祭谷、Skinnerian のような強烈な悪意を持った〝毒者除け〟にはならなかったようである。もう少し慎重な書き方をしてもよかったかもしれないが、いずれにしても、「現代思想を科学哲学的に斬る！」という主旨の本ではないので、「柄谷のゲーデル理解は間違っていて、専門家から批判を受けているのだが……」というようなことを本文中で述べる必要はなかったと思う。

山川のように、基礎学力が低いくせに論客ぶる連中の曲解に対して完全な予防線を張るのは不可能である。あと、細かいことだが、「柄谷の不完全性の定理」の解説に私が「三ページも割いて」と山川は書いているが、実際には、二ページであり、その大半は、先に述べたような方向での私なりの言い換えである。山川にはページの勘定さえできないのか？　あるいは、自分では読まないで、誰かに教えてもらって孫引きしたのか？

検証（3）

(3)について。連載二三回（『FOOL on the SNS』一五六頁～参照）で、私は「ソーカルは「境界を侵犯すること」の中で、フリチョフ・カプラやシェルドレイクなど疑似科学的な議論で評判の悪いニューサイエンスの旗手たちの名前を挙げ、彼らがあたかもラカンなどの〝ポストモダニズム〟と関係しているかのように印象操作をしているが、『「知」の欺瞞』の方ではさすがに、彼らのことを本格的に取り上げてはいない。（……）少し慎重になったのであろう」と書いた。

ごく普通の評価だと思うのだが、それについて山川は以下のように言っている。

> なるほど！　そこに微妙な駆け引きがあったとはまったく気がついてなかった。日本のソー

カル信者はおろか、ソーシャル・テクスト編集者のアンドリュー・ロスも、ソーカル本人も気づいていないだろう。おそらく世界広しといえども、そう指摘しているのは仲正さんだけではないだろうか。なぜなら、そんな駆け引きはないからだ。／よく考えてみてほしい。「境界を侵犯すること」はそもそもポストモダン批判の文章ではなく、ソーカルが寄稿したデタラメ論文だ。ソーカルがこの論文でニューサイエンスの人々を肯定しているのは、ソーシャル・テクスト誌が、そうした内容の論文でも掲載してしまうことを実証するためである。／仲正さんは、ソーカルがすでにデタラメだと明かした論文について、「デタラメが書いてある!!　これは印象操作だ!!」といっているわけだ。正直に言って、ここでぼくは仲正さんの読解力にかなり不安を覚えた。

「そんな駆け引きはないからだ」などと自信満々に言い切っているので、何か裏情報のようなものでも握っているのかな、と一瞬思ったが、どうも山川は、「「ソーカル自身が『境界を侵犯する』はデタラメだと明かした」「だから、『境界を侵犯する』で書かれていることを信じる人はいない」」、とシンプルに想定しているらしい。

彼は世の中には、自分のような悪意による誤読人間——その多くは孫引きによる誤読——が一定数いることを計算に入れていないようである——自分のことだから、計算に入れることができないのは当然か！

ソーカルは、自分の投稿論文における数学や自然科学の概念がインチキであることは明らかにしたが、それ以外の部分、特に「ポストモダン系の●●が◆◆と述べている」というような記述もでっちあげだということまで明言していない。

そのせいで、ソーカルのいたずらに快感を覚え、ファンになった人間の中には、数学や自然科学的な概念を使っていない部分には信憑性があるかのように思い込み、ニューサイエンスとドゥルーズやラカンが関係あると勘違いしている人間が少なくない。直接読んでおらず、孫引きでしか知らない人間は、その傾向が更に強くなる。山川自身、そうした影響をかなり受けているように見られる。連載二三回（『FOOL on the SNS』一四七頁～）では、そういう勘違いをしているソーカル信者の実例を挙げている。また、連載四一回（本著四九頁～）では、山川やたかはしが頼りにしているSkinnerianが「境界を侵犯する」の記述にひきずられて、ポストモダン系のフェミニストが、「選択公理によって人工妊娠中絶を正当化した」という珍説を作りあげてしまったことを指摘している。山川はそれらの指摘を完全に無視している。それとも、「選択公理と中絶」のような話は、山川や祭谷には高尚すぎたのだろうか？

そうした勘違いを産み出すような書き方のことを「印象操作」と言ったのである。ソーカルは自分のインチキな論文によって、山川のようなバカが遠く離れた日本で生まれてくることまで計算に入れていなかったかもしれないが、結果的にそうなっている。

誤解に基づくポモ叩きのきっかけを作ってしまったことをソーカルたちも知らないわけではないだろう。私の知る限り、ソーカルは、「境界を侵犯する」は人文系からの引用に見える部分も含めてデタラメであるので、それに引きずられて安直なポストモダン批判をすべきではない、と丁寧に釘を刺しているわけではない。そういう意味での、「印象操作」である。

その程度のことは細かく説明しなくても理解できると思ったのが、何でも自分の都合のいいように曲解する山川や祭谷の特異な思考回路のことまではさすがに計算に入れられなかった。

ついでに山川の語学力も検証してみた

さて、山川は『知の欺瞞』について「この本を貶したり、見下したりした論評は数多く現れたけれども、事実誤認を指摘したり、著者の分析に合理的な反論を加えたりした者は一人もいない」、と豪語しているが、そういう批判は既にかなり出ている。山川が知らない、あるいは理解していないだけである。

例えば、私は前回、ソーカル+ブリクモンがドゥルーズ+ガタリの『哲学とは何か』における概念史的な問題提起を強引に、〝物理学の最新の知見に基づく科学哲学〟に読み替えて批判していること、『差異と反復』を読んだふりをして見当外れなことを言っていることを指摘した。この種の指摘をしている人はかなりいるはずだが、自分に都合のいいことだけが〝真実〟の山川や祭谷の目には一切入らないのだろう。

もう少しピンポイントの具体例を挙げておこう。山川は、「虚数と無理数を混同するラカンにアッパーカットを食らうことになる」と断定的にツブヤいているが、これは、山川が『知の欺瞞』をまともに読めてない証拠である。

該当する引用箇所をよく読むと、ラカンが虚数と無理数を混同しているというのは、ソーカルとブリクモンの早急な決め付けではないかという疑問が生じるはずだ。邦訳でも十分分かるが、ラカンの『セミネール』の原文を見た方が分かりやすい。かつてロラン・バルトを研究してフランス語を読めるはずの山川は、よもやこの程度のフランス語が理解できないとは言わないだろう。

> …c'est en tant que la vie humaine pourrait se définir comme un calcul dont le zéro serait irrationnel. Cette formule n'est qu'une métaphore mathématique et il faut donner ici à l'irrationnel son sens mathématique. Je ne fais pas ici allusion à je ne sais quel affectif insondable, mais à quelque chose qui se manifeste à l'intérieur même des mathématiques sous la forme équivalente de ce qu'on appelle un nombre imaginaire qui est √-1.

見れば分かるように、ラカンは〈un nombre imaginaire〉とは言っているが、〈un nombre irrationnel〉とは言っていない。単に比ゆ的な意味合いで、〈irrationnel〉という形容詞を使っているだけである。

ソーカルたちは、形容詞の〈irrationnel〉を、〈un nombre irrationnel〉という意味にとったのだろうが、これは印象操作的な強引な解釈である。気が利いてない、曖昧な比ゆ表現を使っている、という主旨の批判なら妥当だが、「無理数」と「虚数」の違いを理解していないというのは、決め付けすぎである。

また、邦訳には、「正確に虚数と言われているものを指している」という表現が見られるが、上記の原文には「正確に」に当たる言葉が見当たらない。これに対応するのは、〈Je ne fais pas ici allusion à～, mais à quelque～〉という部分であるが、ここはちゃんと訳すと、「私が暗に言及しているのは……ではなく、……虚数と呼ばれているものである」となる。印象が大分違う。

こういうヘンなことになっているのは、英訳でこの部分が、〈I'm referring not to some unfathomable emotional state but precisely to～〉となっているからである。〈faire allusion à～〉が〈refer〉という強い言葉になっているうえ、恐らく語調を整える程度のつもりで挿入したのであろう〈precisely〉が意味あり気に見えているせいで、かなりニュアンスが変わっている。

ソーカルたちはこの〈precisely〉にひっかけて、「正確に」と言っているくせにラカンは「虚数と無理数を混同している」と話を続けているのだから、かなりミスリーディングである。ブリクモンがフランス語のネイティヴであることからすると、かなり雑である。

日本語への翻訳者たちも、論じられている事柄の性質上、こういうフランス語の原文と英訳のズレのようなことには気を付け、問題がある箇所には訳注くらい挿入してしかるべきだったと思う。

ソーカル教

山川一派や野次馬、似非科学批判クラスター等にとっては、こういう細かい話はちんぷんかんぷんかもしれない。しかし、この程度の話について来られない輩が、ソーカルの名前を持ち出して〝ポストモダン系の学者〟を誹謗するというのは、ふざけた話である。私はそういうのを「ソーカル教」と呼んでいるのである。

最後に、私に対する敵意をむき出しにしている、自称医療ジャーナリスト祭谷一斗という存在についてコメントしておく。この男はブログで「おさらい臨床試験史」なるコピペ文章を書き連ねているが、臨床試験について勉強していて、仲正という名前に出くわさなかったのだろうか？

私自身が大したことをやったわけではないが、日本での臨床試験をめぐる法的問題を本格的に勉強していれば、私が共著者になっている何冊かの著作を目にしているはずだ。

多分、本気で取り組んでいないのだろう。仮にどこかで眼にすることがあったとして、彼は私の名前が入っているので、スルーしてしまうことだろう——そう宣言しているのだから。そもそも臨床試験に関する具体的な事例について取材し、記事にした経験はあるのだろうか。ケース・スタディした経験もなしに、「臨床試験」についての本を書こうとしているのだとしたら、「知の欺瞞」どころの話ではない。人の命に係わる問題である。

理解できない外国語の文法を恐るべき妄想力で変更する、驚異の反ポモ人間——バカに限界はないのか？

二〇一七年六月二日

前回、山川賢一の私に対する〝反論〟が全く見当外れのものであり、山川自身、「ポストモダン」思想がどういうものか分かっていないうえ、ソーカルの『「知」の欺瞞』を自分で読んでない可能性さえあることを指摘した。その後、山川はツイッター上の他の反ポストモダン的な立場の人たちとのやりとりで、彼自身もゲーデルの「不完全性の定理」がどういうものかよく分かってないのに、「ゲーデル」をポストモダン攻撃の材料にしていたことを謝ったようである。

しかし、山川やその仲間の祭谷は、自分から私に対する人格攻撃を始めたのにあたかも私の方から言いがかりをつけたかのように偽装したり、自分の読解力不足を私のせいにし、「仲正氏の読解力には根本的な問題がある」などと宣伝し、学者である私の名誉を傷つけたことに対しては一切謝罪していない。山川・祭谷一派はその後も、私を貶めることで、山川を正当化するためのネット上の工作を続けている。

彼らはその内、自分に都合悪いことは全て忘れて、孫引きの孫引きの……雑なこと極まりないポモ批判を蒸し返し、私に対する人格攻撃も再開することだろう。実際、後で説明するように、既に蒸し返し始めている。

ところで、この件で山川とつるんで、以前からやたらと私に言いがかりをつけたがっている「偽トノイケダイスケ（久弥中）」という人物が、またもや見当外れのツイートをしている。

前回の文章で私は、山川やトノイのように、自分でもよく分かっていない内容に関して無茶苦茶な糾弾をしてくる連中に対しては、「部分的にでも間違いを認めるような態度を取ったら、曲解されてどういうことになるか分からない」、と書いた。そうすると、トノイは前後の文脈を全く無視して、以下のような話をデッチあげている。

> まぁ、でも今回の仲正さんの反論は、少なくとも氏の言いたい本質がよく分かったという点では、非常に有益な文章だとは思います。なんとなく予想はついていたのですが、ここまではっきりと明言なさってくださったので、こちらも「下衆（ママ）の勘繰り」をしなくても済む。

←

> つまり、仲正さんは「相手の態度や（思想）集団」によって、相手の指摘が完全に正しい場合でも、それについては全く認めないという立場なのですね。「お前の言っていることは正しいが、お前の態度が気にくわないので俺の間違いを認めない」と。

本当に恥知らずの捻じ曲げである。『「知」の欺瞞』の多重の孫引きに基づく山川の〝ポストモダン批判〟がまさにそうであるように、全くのド素人が、専門家によるそれなりに根拠のある議論を、自分ではほとんどその内容を理解しないまま孫引きして発言した場合、当たっている部分も多少はあるだろう。

ネタ元はプロなのだから。しかし理解しないまま孫引きしているので、かなりねじ曲がっているだろうし、明らかな虚偽が含まれている可能性は高い。ある程度の謙虚さがあり、聞く耳のある素人が相手なら、「あなたが念頭に置いているのが◆◆の○○の議論であるならば、それはある程度まで当たっていることは私も認めるが、それと密接に関連している□□という点についてあなたの言っていることは、根本的に間違っているので、そこは分かってもらわないと……」というように説明できるのだが、山川、祭谷、トノイのように、何でもいいから相手をやっつけてやろうとして、訳が分かっていないのに糾弾してくる連中には、そういうちゃんとした説明はできない。「確かに……」と言っただけで、「とうとう認めた！」、と大騒ぎするのは火を見るよりも明らかだ。

そもそも山川たちは、自分でも分かっていないことを孫引きしているだけなのだから、その発言について、「正しい／正しくない」を云々すること自体が無意味である。「正しい／正しくない」が問題になるのは、自分で理解して発言している場合の話である。ＮＨＫの教育番組を見て、宇宙物理学の最先端が分かったつもりになって、適当なことを言っている中学生の発言の真偽を問題にするのはバカげている。

もし私自身が、山川等が言うところの、インチキ数式によって持論を権威付けるポモ論文なるものによって、今の地位を得たのであれば、無茶苦茶なことを言ってくるド素人に対しても、多少の説明をする責任はあるかもしれない。しかし私にはそんな覚えはない。また、山川等は私の学生・生徒ではないので、理不尽な言いかがりを付けられてまで、「君の言っていることはこの部分では当たっていると言えなくもないけれど、それが『正しい』と言えるには……」というような調子で、優しく諭すように教えてやる責務もない。

こういう連中に対しても、優しく教え諭すように語りかける人格者の先生もいることだろうが、私はそんなお人よしではない。無礼者はつけあがらせると、どんどんエスカレートしていくので、安易に融和的な態度を取るべきではないと思っている。

「ポストモダン―ソーカル」の話題とは少し文脈が異なるが、五月の初旬、山川とも親しくしているらしい、ルーマン専門家を気取る contractio こと酒井泰斗が、私に対するネガティヴなツイートを連投したところ、それを真に受けた彼のフォロワーの何人かが、妄想まじりで私に対する失礼極まりないコメントをする、というちょっとした事件があった。

この男は、十数年前、私がある著作の中でルーマンについて論じたところ、俺の許可なしにルーマンについて語ることは許さんとばかりに、ある書評サイトで、「ルーマンに言及した意味不明ｗｗｗ」というふざけたコメントをしたことがある。その直後、私と直接会った時には、「失礼なことを言って申し訳ありませんでした。忘れて下さい」と謝罪していた。しかしその後三回にわたって、ネット上の私の発言が誤解されて多少の騒ぎになった際に、攻撃側の発言を要約・拡散する役割を果たしている。

この連載第一八回（『FOOL on the SNS』九二頁）で、問題にしたのはその三回目である。なのに、そのことをすっかり忘れたかのように、自分が仲正から一方的に嫌われた被害者であるかのようにツイートしたのである。そのツイートの中には、私が自分の勤務校の学生に対してハラスメントをしているかのように誤認させかねない内容も含まれていた。それを更に曲解した連中がひどいツイートをしたわけである。

「とんび@外岡則和」という人物は、私と全く面識がなく、大学で教えた経験などほとんどないはずなのに、「仲正氏は教育者としての能力が足りない」とツイートした。私は自分がいい教師だなどとは思っていないが、私の授業を受けたこともないし、自分で授業した経験がほぼない人間が、妄想で言っていいことではない。

自らが躁うつ病の患者であると自己申告している、「南条宗勝@Karasawa242002」という人物は、「仲正センセイ、躁鬱じゃないのか（素人判断）かなりやばい領域に入ってるよ」、とツブヤいている。今までいろいろと根拠のない悪口を言われてきたが、これにはさすがに驚いた。自分の病気を他人に投影するんじゃない！

また、contractioがいろんな争い事に首を突っ込み、私に関する悪口を拡散しているという私の指摘（連載十八回参照）に関して、「エターナルケマケマ@didinda」という人物は勝手に邪推して、「N正先生が裏側でネットの色んな争いごとに関わっている張本人ということでは。（名推理）」、とツブヤイている。それはお前のことだろ！　こいつは、教育機関に勤めていると自称しているが、匿名でこういう妄想を垂れ流すのが教育者のやることとか！　山川・祭谷やcontractioの、この手の〝お仲間〟をかき集めてくる才能には本当に感心する。

〝クズは友を呼ぶ〟

反ポモ系のバカげた言動に話を戻そう。以前から山川に付和雷同しポモ攻撃を繰り返していたuncorrelatedという人物がいる。この人物が、有理数と無理数をラカンが混同したのは決めつけすぎだという前回の私の指摘に対して、ツイッター上で以下のようなクレームを付けてきた。

> ソーカルが参照している文章と仲正氏が参照している文章が別物な気がしなくもなく。

←

> 「知の欺瞞」にあったのは、『私が「無理数＝不合理」と言うとき、何も私はある種の測り知れない情動の状態を指しているのではなく、正確に虚数といわれているものを指しているのです』なのですが、さすがにフランス語原文に「無理数＝不合理」のかっこ部分が無いのは変な気が。

←

凡ミスなのかどうか判別がつかないものの、l'irrationnel は定冠詞つきなので、「単に比ゆ的な意味合いで、〈irrationnel〉という形容詞を使っている」と言う仲正氏の説明は良く分からん。原文には「正確に」に当たる言葉が見当たらないとあるが、manifeste がある。

←

Cette formule n'est qu'une métaphore mathématique et il faut donner ici à l'irrationnel son sens mathématique. を Google 翻訳にかけると、数学での無理数としてくる。

←

仲正昌樹氏が引用した箇所、l'irrationnel son sens mathématique とあって、数学的な意味で l'irrationnel と言うわけだから、少なくともここは無理数と言う名詞で解釈するしか無いように思える。

これらのツイートからすると、フランス語の文法をさほど知らない人間が、自分の乏しい文法知識でいろいろ憶測しているだけのように思えたので、メールで少し補足説明したところ、私が痛い所を突かれて動揺したと思い込んでしまったようだ。あるいは、私も本当は大してフランス語ができないのに知ったかぶりをしていると邪推したのかもしれない。

「ニュースの社会科学的な裏側」という自分のブログに、「ポストモダンはその修辞法と共に消えるべき」というタイトルだけは偉そうな文章を書いている。しかも、このバカげた文章を、山川がまたまた性懲りもなくリツイートしている。山川は uncorrelated に同調している態度ははっきり示さないで、単に「大変なことになっている」とだけツブヤイて、責任回避しようとしているのだ。しかも、前回の私の文章は読んでないふりまでしているではないか。相変わらず見え透いた姑息な手段を使う卑劣な奴である。

更に、「青山大地」という以前からことあるごとに、私に関するさまざまな妄想まじりの悪口を垂れ流してきた、自称文系学者がこれに便乗し、何が話題なのかさえ分からないまま、「仲正の敗北できまり」、と勝手に宣言する始末。こいつは、私をけなすことによって、自分がプロの学者であるかのような幻想を抱くことができると考えている。

実際には論文を書いたこともないし、外国語の文献をまともに読む能力はないだろう。ある意味憐れな奴だが、やはり、クズは友を呼ぶようだ。uncorrelated の記事は以下の通りである。

しかし、フランス語が全く分からない人にでも、この話が変なことが分かる。「無理数＝不合理」に該当する部分を恣意的に省いているし、引用されているフランス語原文の中の単語もあれこれ無視されている。

…c'est en tant que la vie humaine pourrait se définir comme un calcul dont le zéro serait irrationnel. Cette formule n'est qu'une métaphore mathématique et il faut donner ici à l‐ irrationnel son sens mathématique. Je ne fais pas ici allusion à je ne sais quel affectif insondable, mais à quelque chose qui se manifeste à l'intérieur même des mathématiques sous la forme équivalente de ce qu'on appelle un nombre imaginaire qui est √-1.

l'irrationnel は定冠詞つきなので、名詞としか考えられない。「単に比ゆ的な意味合いで、〈irrationnel〉という形容詞を使っている」と言う仲正氏の説明は明らかにおかしい。さらに「数学的な意味」（son sens mathématique）を l'irrationnel に与えなければいけないと書いてあるように読める。これが無理数でなければ、何なのであろうか。なお、仲正昌樹氏はメールで「Irrationnel は二回出てきて、二回目は定冠詞付きですが、これは形容詞を名詞化したものなので、両方とも形容詞扱いしました」と説明してきたが、これ自体も意味不明な主張な上に、son sens mathématique については言及していない。

manifeste à l'intérieur même des mathématiques は、数学それ自体の範囲での宣言、つまり厳密に数学的な意味と言う意味のようだ。ソフトウェアの世界では作成者や利用権限などを示す設定の意味でよく使われる manifest だが、英語ではその用法は一般的とは言えないので、直訳になる to something that Manifest within the mathematics itself を意訳して precisely to ～と置き換えても不思議ではない。仲正昌樹氏は『manifeste àは、文の流れからして refer precisely のところとは関係ありませんし、「正確に」という意味はありません』とメールで説明して来たのだが、manifeste をどう訳すべきかについては何も言及していない。
（…）メールであれこれ説明する暇があるのであれば、まずは自身が信じる全訳をブログのエントリーの引用部分につけるべきであろう。フランス語が得意なのであれば、そう手間暇でもないはずだ。

英語とフランス語が分かる人が読めば、「正気か！」と思うようなひどい内容だが、本人は何故か自信満々である。国語力もかなり怪しい。基本的な語学力がないくせにやたらにプライドが高くて、自分の思い込みの解釈に固執し、丁寧に説明しようとする先生に難癖をつける学生がいるが、そういうのがそのまま、いい歳のおじさんになってしまった感じである——uncorrelated の正体がどういう人物で、これまでネット上でいろんな著名人に対してどういう難癖をつけてきたかは、ちょっと検索すればすぐわかる。

これだけ思い込みの強い人間は、どれだけ丁寧に説明されても、屁理屈で捻じ曲げてしまうだろう。自分はフランス語も英語も満足にできないくせに、「俺に納得ができないのはおかしい！」、などと言い張るだろう。こいつはもう治しようがないが、ちゃんと学ぶ気がある人のために少しだけ丁寧に説明しておこう。

まず、前回も引用したフランス語の原文は、先の記事で uncorrelated がコピペしているが、念のためもう一度引用し、それに続けて、ソーカルたちが引用した英語訳も示しておこう。一九五九年四月の《Le désir et son interprétation》と題した「セミネール」からの引用である。なお、フランス語で出版された『「知」の欺瞞』の初版では、英訳からフランス語に訳し戻されている。そのためラカンの原文とかなりズレている。注を見ると、『セミネール』の原文テクストを見つけられなかったということだ。

> ...c'est en tant que la vie humaine pourrait se définir comme un calcul dont le zéro serait irrationnel. Cette formule n'est qu'une métaphore mathématique et il faut donner ici à l'irrationnel son sens mathématique. Je ne fais pas ici allusion à je ne sais quel affectif insondable, mais à quelque chose qui se manifeste à l'intérieur même des mathématiques sous la forme équivalente de ce qu'on appelle un nombre imaginaire qui est √-1.

> ...human life could be defined as calculus in which zero was irrational. This formula is just an image, a mathematical metaphor. When I say "irrational, " I'm referring not to some unfathomable emotional state but precisely to what it called an imaginary number.

一番肝心なところから見て行こう。英訳でも〈rational number〉という表現は出てこない。〈l'irrationnel〉は〈"Irrational"〉と言い換えられているが、これは親切な言い換えだろう。直前に出てくる〈irrational〉という言葉をどういうつもりで使っているのか説明しているわけだから、“”に入れた方が分かりやすい。フランス語の原文のように、「irrationnel（非合理的）なもの」という言い方をしても基本的に同じことだ。uncorrelated は何故か、〈l'irrationnel〉は定冠詞付きの名詞なので、〈nombre irationnel〉

の省略に違いないと思い込んでしまったようだが、素直に読めば、〈irrationnel〉という形容詞を抽象名詞化したものである。

英語でも〈the irrational（非合理的なもの）〉〈the rational（合理的なもの）〉〈the true（真なるもの）〉というように、形容詞に定冠詞を付けて抽象名詞化するのはよくあることで、こんなのは遅くとも高校生になる頃には習っているはずのことだ。英語力がなくても、国語の読解力があれば十分想像できることである。そのことをuncorrelatedにメールで知らせてやったのだが、理解できなかったようだ。そんな奴が論客ぶってニュースを社会科学的に斬るなどと言っているのだから、笑止千万としかいいようがない。

問題はこの〈irrational〉という形容詞が、「非合理的」という意味か、「無理数的（な性質を持っている）」という意味かということである。ラカンの文章がかなり比ゆ的で曖昧なので、はっきりしないが、特に「有理数／無理数」の区別に関わる話をしていないのは確かだ。数学的な話をしているので、〈irrational〉には「無理数的」という意味が含まれているはず、とソーカルたちは断定しているのだが、私はそれは決め付けすぎで、ラカンは「無理数」と「虚数」の区別もつかないと断定するには、証拠が足りない、と言っているのである。

ソーカルたちがこの文章を書いていた時、ラカンは既に亡くなっているが、たとえ亡くなっている人であれ、他人を無理数と虚数の区別もつかないバカ扱いしたいのであれば、もっとはっきりした証拠を示すべきだろう。

山川らが彼らの聖典『知の欺瞞』すら読んでいない？　これだけの証拠

因みに、『「知」の欺瞞』の日本語版をよく読むと、「虚数と無理数を混同している」と断じた箇所の少し後、注(27)でこの点について釈明がなされている。

「もちろん、ラカンが'irrational'という言葉を、日常的ないしは哲学的な意味で用いている可能性もある。（訳注 右の引用は英語でのみ出版されている。）しかし、そうだとすれば、これほど数学的な内容に触れている文脈で、'irrational'という数学用語になりうる語を説明なしで異なった意味に用いるのは恐ろしく不親切である」

この注(27)までちゃんと理解して読んでいれば、山川やuncorrelatedは、下手な断定はできなかっただろう。だから、私はuncorrelatedに、『「知」欺瞞』の日本語版を本当に自分で読んだのかと問い合わせたのだが、彼は無視した。恐らく彼も山川も翻訳さえちゃんと読んでいなかったに違いない。

また、〈dont le zéro serait irrationnel〉という箇所は、邦訳では「ゼロが無理数＝不合理であるような」となっており、「無理数＝不合理」の所に「イラショナル」というルビがふられている。英語に慣れた人間が見れば、〈irrational number〉ではなくて、〈irrational〉という形容詞が使われているだけなのが、すぐ分かるはずだ。これに気が付いていなかったという点でも、uncorrelatedや山川が邦訳さえ読んでいなかった疑いが高い――英語がよく分かっていないというだけの話かもしれないが。

細かいことを言うと、この注(27)はフランス語版にも英語版にもないので、英語版が出た後、ソーカルが言い過ぎたと思って慎重になったのか、日本語訳者に指摘されて、日本語版に挿入することにしたかのいずれかだろう。

いずれにしても、私はこうしたことは最初から本文中に書いておくべきであり、そうしなかったのはミスリーディングであると考えている。多分、その場合でも、山川や uncorrelated は悪意の勘違いをしたかもしれないだが、それは仕方のないことだ。完全なバカ避けは不可能だから。uncorrelated は、〈il faut donner ici à l'irrationnel son sens mathématique.〉の意味が辛うじて理解できたことに気をよくしたらしく、これに拘っているが、もし彼の言うように、〈l'irrationnel〉が「無理数」だとすると、物凄くおかしなことになる。

「無理数に数学的な意味を与えねばならない」だと何のことだか分からない。しかもその直後の文でラカンは、「私が示唆している (faire allusion) のは〜ではなく、虚数である」と述べているのだ。つまり、「無理数に数学的な意味を与えたら、虚数である」と言っていることになる。全く無意味な言い換えをして、間違えたことになってしまう。uncorrelated ほど面の皮が厚い奴なら、「いやだから、ラカンはそれほど頭がおかしいのだ！」と強弁するかもしれないが、〈l'irrationnel〉が形式的に名詞であるとか、〈son sens mathématique〉が重要だ、仲正はそれを誤魔化している、などと言い張っておいて、そういう言い訳は通用しないだろう。

次に、「manifeste à l'intérieur même des mathématiques は、数学それ自体の範囲での宣言……」という uncorrelated の珍説についてだが、この男は、動詞、形容詞、副詞といった品詞の違いも分からないのだろうか。uncorrelated は、フランス語の〈se〉の意味が分からなくて省いてしまったようだが〈se manifeste（r）à～〉の意味は、仏和辞典を引けばすぐ分かる。辞書を見れば、「宣言」云々などと見当外れのことは言えないはずだ——uncorrelatedだったら、やりかねないか。

その後の、「つまり厳密に数学的な意味と言う意味のようだ。ソフトウェアの世界では作成者や利用権限などを示す設定の意味でよく使われるmanifestだが、英語ではその用法は一般的とは言えないので、直訳になるto something that Manifest within the mathematics itselfを意訳してprecisely to ~と置き換えても不思議ではない」は、日本語のネイティヴが書いた文とは思えないくらい意味不明である。何でソフトウェアの話が出て来るのか。万が一、「Manifest」が「宣言」だという意味だとしても、それがどうして「正確に」という意味に〝意訳〟されるのか？　こいつの頭の中はどれだけ混乱しているのだろうか？

バカの妄想はさておいて、フランス語と英語を並べながら、問題になっている文の意味を確認しておこう。

〈Je ne fais pas ici allusion à je ne sais quel affectif insondable〉という部分に対応するのが、〈I'm referring not to some unfathomable emotional state〉という部分である。その後の〈mais à quelque chose qui se manifeste à l'intérieur même des mathématiques sous la forme équivalente de ce qu'on appelle un nombre imaginaire qui est √-1〉に対応するのが、〈but precisely to what it called an imaginary number〉である。

この後半部はかなり短くなっているが、「まさに数学の内部において虚数と呼ばれているもの、つまり√-1と等価の形式で現れてくるもの」、という三重に関係文を使った複雑な言い回しが、「虚数と呼ばれるもの」とシンプルに言い換えられているだけなので、〈precisely〉が付加されている点を除いて、大意として間違っていない。

万が一、〈se manifester〉に uncorrelated の言うように、「正確に〜」のような意味があったとしても、それは〈qui〜〉(〈what〜〉)以下の関係文の中での話である。〈precisely〉はその関係文に外からかかっている。uncorrelated には、関係文というものが分かってないのか? それとも、英語であれフランス語であれ日本語であれ、統語法なるものがあることを知らないのか? 彼には英語やフランス語の構文を思い通りに変更する神通力でもあるのか? 恐ろしい奴である。

uncorrelated のようなおかしな文法をでっちあげない限り、〈precisely〉が原文にない、後から挿入された言葉であるのは明らかだ。また前回も述べたように、〈faire allusion à〜〉が、「〜を暗示する」という、対象への指示性が曖昧な意味合いの表現であるのに対し、〈refer to〜〉は、「〜に言及する」という意味で、具体的な対象を指しているようなニュアンスになる。「私が暗示しているのは〜ではなく、〜だ」が、「私が言及しているのは〜ではなく、正確には〜だ」では、かなり印象が違う。

あと日本語訳に関して付随的に指摘しておくと、〈comme un calcul = as calculus〉が「微積分学として」と訳されているが、これは意訳しすぎである。誤訳と言ってもいい。多分、高校微積分で習う「限りなくゼロに近づけると〜」というようなイメージが含まれていると解釈したのだろうが、ラカンがそう考えていたかどうか定かではない。〈calcul〉には「計算」という意味しかない。こういう微妙なニュアンスが重要な箇所では、意訳しすぎてしまうと、アンフェアになる。

uncorrelated は先のブログの中で、岡本裕一朗氏の『フランス現代思想史』(中公新書)を読んだふりをして、「ポストモダンは中身ではなく修辞テクニックによって特徴づけられる社会〝思想〟である」などと述べているが、これは完全に誤読である。

私は岡本氏の記述に必ずしも賛同しているわけではないが、〝中身がなくて修辞テクニックだけの思想〟だと自分でも信じているものについて一冊入門書を書こうとする学者がいるとでも思っているのだろうか。uncorrelatedはこれまでの生涯で他人に本気で叱られたことがなかったのだろうか？　彼の指導教官だった先生が気の毒である。

山川ブラザーズ

uncorrelatedはこのブログから数日後に、再び以下のようにツブヤイている。

> 仲正昌樹氏のポストモダン擁護は「フランス現代思想から数学科学用語の濫用を削ぎ落としても、これこれこういう素晴らしいビジョンが残るんですよ」と言うポジティブなものであるべきだと思うが、論敵との罵りあいに終始しているように見えるので、やっぱり駄目なんだろうなと思ってしまう。

何を偉そうに勘違いしているのだろう。自分の貧しい国語力に基づいて、ポストモダンは修辞の問題だと分かった、などと言い放つ輩に対しては何を言っても無駄である。

こいつや山川はそもそも論敵などではなく、悪口ばかり言うただの害虫である。山川やuncorrelatedのような話の通じない輩と論争することなど不可能である。私は積極的なポストモダン擁護などしていないし、その必要もない。害虫どもが、無意味なポモ攻撃を繰り返し、それに私を巻き込もうとするので、駆除しているだけだ――それに関連して、ソーカルたちの言い分を若干検証しているが、それ以上のことはやっていない。

何度も言っているように、「ポストモダン」と十把一絡げに論じること自体が不毛なのだ。私は、デリダなど個別の思想家の議論の紹介はいろんなところでしているが、連中はそういうものは読まないし、仮に目にすることがあっても、理解できないだろう。そして、「俺に理解できないので不毛だ！」と、神のごとき裁きを下すにちがいない。

ソーカル関連の別の問題についても若干触れておこう。前回も述べたように、一時期、ポストモダン系とされている思想家の間で、ゲーデルの「不完全性の定理」が不正確な仕方で参照されることは多かったのは確かである。そのこと自体に関しては、ソーカルたちの指摘は正しいのだが、ただし、それが数学的な概念を援用することによる権威付けのためだ、とまで断ずるのは言い過ぎであり、むしろ、反ポストモダン陣営の人たちの科学史・哲学史に関する無知のなせる業ではないかと思う。

山川・祭谷やuncorrelatedのようにソーカルたちの議論からの孫引きの孫引きの……孫引きで、〝ポストモダンにおける不完全性の定理の濫用〟を〝糾弾〟している連中――今後は彼らのことを一まとめにして山川ブラザーズと呼ぶことにしよう――は、「不完全性の定理」を純粋に理系の問題だと思っているようだが、そうではない。

「不完全性定理」は根底において、「クレタ人の嘘」という形で知られる「自己言及性のパラドックス」の問題と繋がっており、後者の解決に向けた、数学的に形式化された応用事例として位置付けられることもある。

分析哲学系の人の一部には、自己言及性のパラドックスの問題は、ラッセルによってその解決が試みられた数理論理学的問題であり、ポストモダン系の議論とは関係ないと考える傾向があるようだが、「クレタ人の嘘」自体は古代ギリシアにまで遡る問題であり、「理性的主体としての自我の自己言及による自己根拠付け」をめぐる問題はフィヒテやヘーゲル、シェリング、ドイツ・ロマン派にとって中心的なテーマであった。

フィヒテやヘーゲルの哲学の中核部分を、システム理論における「自己言及性」の問題と関連付けて再解釈することを試みる研究があるが、そうした研究は、必ずしも「ポストモダン系」に分類されるわけではない。ポストモダン系とされる思想は、デカルトからフッサールに至るまでの、近代の認識論哲学が依拠してきた、「主体による自己把握」という大前提に自己矛盾があることを指摘し、その不可能性を何らかの形で論証しようとする傾向がある。

ラカンは、「言表の主体」と「言表行為の主体」の違いという形でこの問題を定式化し、「無意識」をめぐる精神分析の議論と結び付けた。フーコーやドゥルーズ、クリステヴァ等は、そうした問題意識を引き継いでいる。これは、自己言及性のパラドックスを論理学的に解決・解消しようとするラッセル以降の数理論理学・分析哲学とは、逆の方向からの関心である。

そうした問題意識から、「自己言及性のパラドックス」と関連の深い「不完全性の定理」に関心を持った人が多かったわけだが、「不完全の定理」は、かなり数学的に特殊化された議論になっており、ヘーゲル－ラカン的な問題にそのまま援用することはできなくなっている。

従って、安易に援用すべきでないというのはその通りだが、だからといってポストモダニストたちの不完全性の定理への関心の根底にあった、自我の自己言及をめぐる哲学・精神分析的な問題系まで無意味だと切り捨てるのは、哲学・思想史を知らない人間の傲慢と無知のなせる業である。

前回、私はそういうことを主張したわけであるが、哲学に関心のない、山川ブラザーズは何のことか分からず、「そんなの詭弁だ！　俺に分からないのだから無意味だ」、と叫ぶ。

ここでも迷走する山川ブラザーズ

もう一点、やはり山川ブラザーズの大好物である「ボードリヤールによる水の記憶理論の援用」の問題も取り上げておこう。ブラザーズは、「トンデモ理論であるジャック・バンヴェニストの「水の記憶」を援用しているからボードリヤールもトンデモだ」、と単純に考えているようだが、彼らはそもそもバンヴェニストがどういう人で、「水の記憶」がどういう理論なのか分かっているのか？

まず「水の記憶」という名称は、バンヴェニストに対する批判派がメディアで流行らせた言い方で、本人はそういう言い方をしていないこと、水を擬人化して生物と同じような記憶力を持っていると主張しているわけではないことは分かっているのだろうか？

また、バンヴェニストが、スピリチュアルな治療家とかホメオパシーの実践家などではなく、フランスの国立保健医学研究所（INSERM）の研究ユニットのリーダーを務めた免疫学者であり、問題になった論文が他の国の研究者たちとの共同研究の成果であり、『ネイチャー』に掲載されたことくらいは知っているのだろうか？　一九八八年七月の掲載である――『ネイチャー』に掲載されたこと自体は、『「知」の欺瞞』にも記述されている。

その後、関連分野の専門家たちの追試によって、バンヴェニストが主張するような効果は確認できないということになり、トンデモ理論扱いされるに至ったわけだが、そういう専門家の批判に便乗してバンヴェニストをバカにする前に、せめてどういう主張の論文だったか確認すべきである。Wikipedia の英語版に外部リンクが貼られているが、Belon P, Sainte-Laudy J, Poitevin B, Benveniste J (30 June 1988). "Human basophil degranulation triggered by very dilute antiserum against IgE" で検索すると元の論文が見つかる。

ほとんどの素人には、そもそも何が主題の論文かさえ分からないだろう。水に記憶力があると主張するものでないことだけは確かである。素人は『ネイチャー』に掲載された内容に関して、一切口を出すべきではないと言いたいわけではない。しかし、批判対象がどういう性質のものか理解する努力はすべきである。メディアで流行っている呼称からの印象だけで安易にこういうものだろうと決めつけ、〝偉い人〟の批判に便乗する奴こそ、トンデモである。

ただ、肝心なのは、バンヴェニストの論文がどういう性質のものかということよりも、その説をボードリヤールがどう受けとめたのかである。まず、ソーカルたちが問題にしているボードリヤールの文章はいずれも彼の主要著作とは言えない、ごく短いエッセイ的なものである。

ボードリヤールを知っている人には言わずもがなのことだが、彼の主要な仕事は、消費社会における人びとの一見経済学的な振る舞いの記号論的な分析であって、『消費社会の神話と構造』や『象徴交換と死』といった著作で展開されている。それらでは、物理学から借りてきた概念のようなものはほとんど見受けられない。

ソーカルが最初に言及しているのは、『終焉＝目的の幻想 L'illusion de la fin』（一九九二）という論文集に含まれている、「指数関数的な不安定性と安定性 Instabilité et stabilité exponentilles」と題された、六頁弱のごく短い文章である。

この文章も、本全体のテーマがそうであるように、「歴史の終わり」をめぐる哲学的言説の批判をテーマとしている。ソーカルたちの言うように、物理学系の概念とのアナロジーを濫用していることは確かだが、「水の記憶」に言及することで何かを積極的に論証しようとしているわけではない。

カオス理論におけるバタフライ効果に言及した後、「水の記憶」にも言及し、それらの連想から、「歴史の終わり」に対する否定的な見方を示唆している。物理学者であるソーカルやブリクモンからすれば、複雑系をめぐる物理学的な議論が、「歴史の終わり」という人文系の漠然とした議論や、「水の記憶」と一緒にされるのが我慢ならない、ということだろう。

しかし、『「知」の欺瞞』の邦訳にも引用されているように、ボードリヤールはカオス理論に言及したあとで、「水の記憶についてのバンヴェニストの逆説的仮説を思い出せもする」と述べ、それとのアナロジーで、私たちの生きている「社会」に対する彼なりの見方を語っているだけである。

Celle-ci est passionnante de par l'analogie avec notre univers actuel:nous vivons nous aussi, de par l'extension des media et de la communication, dans un univers social et culturel hautement dilué, où les molécules originelles se font de plus en plus rares. Il est intéressant de savoir si, dans l'ordre humain aussi, les effets persistent en l'absence des causes, si une substance nominale reste active en l' absence de ses éléments, ou même si quelque chose peut exister en dehors de toute origine et de toute référence.

要は、社会的な秩序とか運動は、それが出来上がる原因になったとか人間がもはや存在しなくなっても、様々な所にその波及効果や情報が残留しているおかげで、そのまま存続し続けることもある、という話である。比較的常識的な発想なので、別に「水の記憶」とのアナロジーがなくても十分に成立する。じゃあなんで、他の専門家から叩かれている「水の記憶」に言及するんだ、と言う人もいるだろう。そういうレベルの批判ならいいのだが、鬼の首を取ったように、騒ぐ話ではないだろう。

しかも、『「知」の欺瞞』で言及されている第二の文章では、ボードリヤール自身、「水の記憶」は科学の通常の方法で認められない議論であることに言及している。九五年に刊行された《Fragments: Cool memories III 1990-95》という断片集に収められている、文字通り、フラグメント形式の文の一節である。

La science conventionnelle se fonde sur une seule expérience négative pour disqualifier toutes les autres (le cas de Jacques Benveniste)．

結局のところ、社会学者もしくは哲学者が、『ネイチャー』に掲載された科学論文から、自分の取り組んでいる社会・歴史哲学な問題を考えるヒントを得たと感じて、それがどういう連想によるものなのか、エッセイとして書き留めた、というだけのことである。

その中身は先に見たように、ヒントになった元のバンヴェニストの仮説自体が否定されたとしても、十分になり立つ性質のものである。それでも、「いや仮にも学者を名乗る人間が、既に反証されてしまった論文に言及すること自体が不適切だ」、と潔癖症的に拘る人もいるかもしれない。

しかし、思い起こしてほしい。STAP細胞問題の時のように、その専門領域の最先端のプロでも、後にインチキ理論として全否定されてしまうような説を積極的に支持することもある。

STAP細胞論文に対して多少なりとも肯定的な見方を示した自然科学者は、全て自然科学者と名乗る資格がない偽物として全否定されるべきなのか？　免疫学や分子生物学の素人であることを自覚しているボードリヤールは、バンヴェニストの論文の真偽を云々していない。「社会」のモデルに関してインスピレーションを得た、と短いエッセイの中で述懐しているだけだ。自分の専門外の領域の（少し怪しい）理論からインスピレーションを得た、とちょっと述懐しただけで学者失格ということになるのであれば、世の中の著名な学者の大半が失格になってしまうだろう。

少なくとも、ほとんど専門知識もないのに医療ジャーナリストを名乗り、「臨床試験入門」なる文章をネット上で公開している祭谷一斗のような人間を身内に抱える山川ブラザーズには、「ボードリヤールの科学に対する姿勢」を非難する資格などない。

反知性主義で一味を集めようとする反ポモ集団（山川ブラザーズ）の浅ましさ

二〇一七年七月七日

前回、フランス語の文法を捏造してまで、ポストモダンに関する自分の思い込みに固執する、uncorrelated という反ポモ人の言動について論評し、彼が疑問に思っていたという、ラカンのテクストをどう訳すべきかについてやや詳細に解説した。すると、uncorrelated は次のような、頭の悪い反応をした。

> こんなに長々と書くのであれば、ここは日本語訳するとこうなると言えば済むのだが、なぜ仲正昌樹氏がそれをしないのかが気になる。

←

まぁ、ce qu'on appelle un nombre imaginaire qui est √-1. の文を訳してしまったら、どちらにしろ数学を濫用していることにしかならないから、ポストモダン擁護をしたい仲正昌樹氏にとっては、都合がよくないのであろう。

何を言っているのだろう。この男は、自分が理解したくないことは眼に入らないようになっているらしい。それともフランス語や英語だけでなく、日本語の読解力も決定的に欠如しているのだろうか。

いずれにしても、まともに説明しても通じない人間であることはよく分かった。フランス語の文法を捻じ曲げ、読んでもないものを読んでいるかのように見せかける文章を平気で載せる、彼のブログは、恥ずかしげもなく、「ニュースの社会科学的な裏側」を名乗っている。社会科学どころか、フェイクニュース・サイトである。

この男に限らず、ネット上で又聞きの又聞きの又聞きの……又聞きで、安直な反ポモ情報を拡散して悦に入っている集団（山川ブラザーズ）は、都合の悪い話は最初から無視し、そのことを指摘されても、山川がいつもそうやっているように、「そんな言い訳めいた言い分など論じる価値なし」と勝手に断定し、開き直る。

そういういい加減さの極みのような山川ブラザーズの言い分を無批判にリツイートする輩が一定数いる。恐らく、流行の思想の最先端を行っているように見えて、注目されている連中のずさんさ、足下の危うさが暴露されていい気味だ、くらいの軽い気持ちなのだろうが、それはリツイートしている人間の知性のなさの証明である。

政権与党の幹部とか売れっ子芸能人のスキャンダル情報が出ると、その信憑性を自分なりに吟味しようと努力することなく、そのまま拡散したり、Ｙａｈｏｏニュースなどの書き込み欄に、「とうとう真実が明らかになった！」と書き込んでいる輩のメンタリティと同じだろう。

「ソーカルによるポストモダン批判」というと、何となく知的な話に聞こえるが、自分の気に食わない奴が叩かれているのを無条件に歓迎し、その感情を臆面もなく表明しているだけだから、加計学園問題やジャニーズ事務所の御家騒動に関する一方的報道に便乗してバカ騒ぎするのと同じである。

山川ブラザーズは、そうした訳が分かっていない連中が多数ＲＴしてくれたことをもって、自分の主張の正しさが証明されたと宣言し、ますます悦に入る。彼らは、「ポスト・トゥルース」的傾向と呼ばれるものの最先端を行っている。

最近、山川ブラザーズ絡みの反ポモ系のニュースだけでなく、政治絡みのニュースもよくＲＴしている「しゃかいｎｏ木鐸！」という人間が、私に関する、出所がものすごくいい加減な情報をＲＴして悦に入っているのを発見した。

この人間は、四月末頃、山川が私に対する〝反論〟と称するものを自分のブログに掲載し、脊髄反射的なＲＴを集めて勝利宣言をしていた時に、「悲しい！　仲正先生の味方がいない！」「本人の人徳のないせいか！」などという、白々しいツブヤキをしつこく繰り返していた奴である。

そのことに抗議したところ、公共的な場での論争なので、僕のような自由なコメントを認めるべきです、とこれまた白々しい弁解をしていた。批判の対象であるラカンやクリステヴァのテクストどころか、ソーカルのテクスト自体さえまともに読まず、仲正のような卑怯者は論評するに値しないと宣言する山川や祭谷が論争をやっていると言うのだから、こいつの公共性の感覚はかなり歪んでいるとしか思えない。しゃかいｎｏ木鐸！曰く、

> 借○玉もＮ正先生もそうだけど、普段から口が汚い人に限ってすぐに「名誉毀損だ」って言ってくるの本当になんなんでしょうね。頭の中でどういう機序が働いてるのか、本当にわかんない。

←

> 以前「Ｎ正先生は人徳がないからネットで人気がない」て呟いたら本人からＤＭ来てめっちゃ怒られたんですけど、ついに先生の大学で授業を受けた卒業生からも「嫌な奴だった」とのお言葉を頂いたんでやっぱり間違ってなかったのでは

借金玉としゃかいｎｏ木鐸！の間でどんなやりとりがあったか知らないし、関心もないが、少なくとも私に関しては、山川に便乗して一方的なからかいの言葉を浴びせ、その行為を謝りもせず、正当化しようとしたのは、しゃかいｎｏ木鐸！である。

念のために言っておくと、彼が山川に同調して、私をからかうツイートを連投する以前には、彼と私の間には一切接点がない。本人が認めているように、彼は、他人の悪口を言えないと、ツイッターをやっている価値がないと感じるようである。機序が働いていないのがどっちかは一目瞭然だろう。こいつはネット上で匿名で他人をからかう権利というものがあるとでも思っているのだろうか？

私が今回、最も問題にしたいのは、こいつが、miho-jerryという人物をソースにしていることである。miho-jerryは本名も年齢も明かしていないので、本当に金沢大学の卒業生かどうか分からない。どこの学部（学類）だったかさえ明らかにしていない。法学部（法学類）でないとすると、私の授業に出た可能性はかなり低い。この人物によると、

> N正先生は某「地方の二流国立大学」からいつまでも脱出できなくて気が狂って来てるんじゃないですかね。昔から嫌な奴でしたけど、最近はまたレベルが上がってきてるんですね。

ということだが、こんな適当なことをツブヤクのに金沢大学の関係者である必要などない。この『極北』の連載を見ていれば、誰でも思いつく平凡な悪口だ。この人物のツイートを検索してみたが、私の授業に出た学生でないと分からない情報どころか、金沢大学の関係者でないと分からないような情報さえ一切出てこなかった。

私に直接言及しているのは上記のツブヤキだけである。しかもよく見れば分かるように、この人物は私の授業に出たことがあると明言してない。どうして、これが、私がいやな教師であることの証明になると思えてしまうのか。仮に私の授業に出たことが実際にあるとしても、本人がどういう態度で授業に臨んでいたか分からないし、出席者の内の一人の個人的感想にすぎない。

しゃかいｎｏ木鐸！ の頭の構造が分からない――とんでもなくバカで、物事を自分の都合いいように捻じ曲げるのが当たり前になりすぎていると仮定すると、簡単に理解できる。はっきりしているのは、自分に都合のいい情報に思えたから、簡単に信じてしまった、あるいはそのふりをした、ということである。しゃかいｎｏ木鐸！の、このいい加減な憶測をＲＴしている人間が十数名いるのだから呆れかえる。山川ブラザーズはこうやって増殖していくのだろう。

確証バイアス

「ポモは嫌いだ」とか、「ポモの代表の東や千葉はレトリックだけだ」、「ポモ擁護をする仲正は人格破綻者だ」といった、自分に都合のいい情報を語る者同士がお互いにＲＴし合うことで、余計に偏見を強める方向へとどんどん流れていくこの現象は、アメリカの憲法学者キャス・サンスティンの用語で言えば、サイバー・カスケードだ。

あるいは、山川が反ポモのバイブルとして新たに持ち上げようとしているカナダの哲学者ジョセフ・ヒースが『啓蒙主義２・０』で使っている用語で言えば、山川ブラザーズの言動には確証バイアス（confirmation bias）が強く働いている。人は自分の仮説を確証しようとすると、その仮説にとって都合の良い証拠だけが目に入り、そうでないものは無視する傾向がある。「反ポモ的」に見える（日本語の）ネット情報をとにかく掻き集めてきて、「ポモはこれだけ学問的信用を失っている」とか、「ポモはもはやまともに相手にされていない」といった自分の主張が確証されたと思い込む山川の態度、仲正は人格破綻者だという不確かな情報を鵜呑みにするしゃかいｎｏ木鐸！の態度は、その最たるものだろう。

山川等は、ソーカルの場合と同様に、ヒースの著作もちゃんと読んでいないのか。それとも理解する能力がないのか。多分、両方だろう。『啓蒙主義２・０』を読むと、まさに山川ブラザーズのようなフェイクニュース集団にどうやって対処するべきか説いた本だという気がしてくる。

日本的な反ポモ集団は、読解力の低さによって〝結束〟しているのか？——山川ブラザーズの甘えの構造

二〇一七年八月一日

これまでこの連載で何回も述べてきたように、自称評論家の山川賢一や祭谷一斗等の山川ブラザーズとも言うべきネット上の集団は、世間的にポストモダン系と呼ばれる人たちを罵倒することで注目を集めようとする、ゴロツキである。

そのくせ、「ポストモダン系の思想」とはどういうものかを自分たちでは全然説明できない。どこかのポモ批判者の言葉を受け売りして自分では何も理解しないまま、「科学性がない！」とか「エヴィデンスがない！」「もう終わっている！」と叫んでいるだけである。

その山川が最近、私の名前を出して以下のような主旨が不鮮明なツイートをしている。

> ふと気づいたんだが、哲学でわからないことがあったらここに書いておくと仲正先生が翌月のブログで「愚かな山川はこんなこともわからないのだ！」と言いながら教えてくれるのではないだろうか。

←

聞いてみた。仲正先生以外の識者から教えていただくのも別にやぶさかではないです

何か哲学的な内容に関する質問があるらしいことは分かるが、誰に質問したのか分からない。私は当然、彼から質問を受けていない。仮に、このぶっきらぼうなツイートで私に質問したつもりになっているのなら、彼は他人に質問するときの基本的な作法を知らない。

先ずは、私が偽学者であるかのように印象操作してきたこれまでの無礼な言動を詫びたうえで、その質問をツイッターではなく、メール、手紙、電話などで直接伝えるべきである。

私ではなく、別の人に質問したのなら、こういう紛らわしいツイートは迷惑だ。よく知らない人が、私が山川から質問を受けたと勘違いしてしまうかもしれない。学者として学術的な内容の質問を受けたのに、不誠実にも〝放置〟していると思うかもしれない。

誰に聞いたのかは判然としないが、前後のツイートからすると、彼が言っているのは以下の書き込みのようである。

デリダ、哲学の余白より「差異はトポス・ノエートス（叡智界）のなかに書き込まれているのでもなければ、あらかじめ脳髄の蝋板に書かれているのでもない。（中略）ただ諸差異だけ

がそもそものはじめから徹頭徹尾「歴史的」でありえるのだ」

←

もろブランクスレート説にみえる。

←

これは言い抜け不可能でしょう。わざわざ脳髄の蝋板がどうとかいっちゃってるもの

相変わらず、雑な発想による決めつけがひどい。こんなのは、まともな大学院とか学会だったら、到底質問として受け付けてもらえないひどい代物だが、学者になれない、未熟な学生にありがちの勘違いがコンパクトに凝縮した、面白い事例なので、少しコメントしておこう――とっくの昔に学者になりそこなっている、質問の仕方も知らない山川に対して〝回答〟してやるわけではない。

質問の仕方から間違っている

まず、山川は「質問」だと言いながら、デリダがブランクスレート説なるものを前提にしている

とほぼ断言し、デリダをバカにしようとしている。侮蔑的な断言をしておきながら、質問するというのはおかしい。ある学者に対して、「こんなこと言うなんて、学者としての資質を疑います」というような暴言を吐いておいて、その学者当人に、「こんなこと」の意味するところについて〝質問〟をするのは、極めて無礼な行為である。

その学者がまともに答えてくれると思っているとすれば、頭がおかしい。下手に答えると、曲解されて、誹謗中傷の材料にされるのではないか、と警戒されて当然だろう。この場合、デリダ本人への質問ではないが、山川は、私あるいは他の哲学・思想史の研究者がデリダについて研究し、それなりに高く評価しているということを前提にして、〝質問〟しているはずであるから、その行為は、当人に対する侮辱と似たような意味を持つ。本気で質問したいのなら、虚心坦懐な態度を取るべきである。

しかし、大学院生や、学者志望の生意気な学生には、そういう当たり前のことが分かっていない奴が多い。無礼な口調で質問の体をなしていない〝質問〟をして、無視されたり、叱られたりすると、逆恨みして、「答えられないので、逆ギレした」などと言いふらす。これまでの言動からすると、山川や祭谷一斗、uncorrelatedなどは、その手の学生だったのではないか、という気がする。

もう少しコミュニケーションの手順について述べておくと、デリダの『哲学の余白』の訳者は早稲田の藤本一勇氏なので、本気の質問であれば、先ずは、藤本氏に訊くべきだろう。あるいは、内容から見て、山川が卒業したはずの名古屋大学の文学部にはその方面の専門家がいるので、その先生に訊いてもいいだろう——山川は、母校の先生に質問することさえできない状況にあるのかもしれないが。いきなり私の名前を出したのは、私が反応すると、ネタとして面白くなるとでも思ったからだろうか。

また、あるテクストの内容について質問するのであれば、原典と邦訳の頁数を明示すべきである。文学、哲学など、テクスト読解に重きを置く分野の基本である。山川は邦訳の頁数さえ書いていない。ネット上の他人のブログ上のメモなどからコピペしたせいで、頁数をちゃんと書けないのかもしれないが後で述べるように、邦訳でいいから、元のテクストが手元にあり、前後の文脈をちゃんと把握していれば、上記のような勘違いはしないはずである。

〝孫引きの論客〟に説くことの困難

内容に入ろう。先ず、「ブランクスレート説」という言葉だが、この連載の第四二回で述べたように（本著六八頁～）、極めて曖昧である。人間の知覚や意識の内容が、文字通り、全て白紙（ブランク）の状態から始まって、どのようにでも構成され得ると主張した著名な哲学者は実在しない。また、「ブランクスレート説」批判を展開している主要な論客である認知心理学者スティーヴン・ピンカーは、ポストモダンを主要な論敵に想定しているわけではない。

哲学史的には、「ブランクスレート＝心は白紙」説は、ロック以来の英国経験論の特徴とされている。経験論的な立場を取るのが、山川の言う「ブランクスレート」説だとすると、英米の分析哲学の大半がブランクスレート説に従っているダメな学問ということになってしまう。

このことはきちんと指摘したはずだが、山川は相変わらず、自分でもよく分からないまま、適当なイメージで「ブランクスレート」という言葉を使い続けている。自分でもよく分かっていない「ブランクスレート」という〝概念〟を前提にして、「デリダはブランクスレート説ではないのか？」、と質問しようというのであるから、全く無意味である。

また、「脳髄の蝋板」という表現にひっかかって、デリダがインチキ認知科学を展開していると思い込んでしまう山川は、国語力が著しく低いか、科学の基礎知識が中学生レベル以下であるかのいずれかである。

人間の脳内が蝋板のようになっているとでも思っているのか？　空間とか時間、因果関係のような基本概念がどの程度生得的に定まっているかは別にして、脳全体が反液体状のまとまった物質になっていて、どの場所にどの情報が貯蔵されているか正確に決まっているわけではない。基本概念の生得性の度合をめぐる問題と、脳内の機能分化は別の問題である。デリダは当たり前のことを言っているにすぎない。

山川や祭谷のように、哲学についても自然科学についても基礎知識があやふやなくせに、理系的な情報を孫引きして哲学者をバカにしたがる人間にありがちの勘違いを避けるべく、念のため言っておくと、デリダが「蝋 cire」という比喩を使っているのは、物質の本質をめぐるデカルトの「蜜蝋の分析」を念頭に置いているからである。

これは、哲学をちゃんと勉強している人なら、必ず知っているはずの比喩である。デリダ自身が、脳を蜜蝋状の板としてイメージして、その前提で議論をしているわけではない。

山川は、デリダが人間の脳の働きをめぐる似非科学的議論をしていると思い込んでいるようだが、これは哲学や文学研究が分かっていない人間にありがちの見当外れな言い分である。山川の（恐らく孫引きの）〝引用〟の直前の箇所を見てみよう。藤本氏の訳からの引用である。

「或る言語のなかには、その言語の体系のなかには、もろもろの差異しか存在しない。だから分類学的な作業がそれら諸差異の体系的・統計的・分類的な明細目録の作製を企てうるのである。しかし一方で諸差異は戯れる——ラングのなかで、またパロールのなかで、そしてラングとパロールのやり取りのなかで、他方で諸差異自体は結果である。」

これではっきり分かるように、この前後でデリダは、「言語」が「差異の体系」であるというソシュール言語学の議論を確認したうえで、そこに独自の主張を加えている。

以前のツイートからすると、山川は、構造主義も〝ブランクスレート説〟に関係していると思い込んでいるようだが、見当外れもはなはだしい。言語が「差異の体系」であるというのは、言語の機能は、もっぱら諸事物に聴覚的（＋視覚的）なイメージを与えて、相互に区別することにある、ということだ。

「犬」を〈イヌ〉、「猫」を〈ネコ〉、「狸」を〈タヌキ〉と呼び、相互に区別するわけである。その場合、「犬」を〈イヌ〉と呼ぶか、あるいは〈dog〉〈Hund〉〈chien〉などと呼ぶのかは、各言語ごとに異なり、どういう音の組み合わせを使うかは、「恣意的」だとされる。また、フランス語で〈chien〉

と呼ばれているものが、日本語の「犬」だけでなく、「狸」も指すことがあるように、聴覚的イメージとしての「意味するもの」と、それによって「意味されるもの」の関係も恣意的である。

こうしたことは言語学的な事実であって、脳の仕組みとは関係ない。山川がデリダのイタイ発言だと思い込んでしまったのは、そういう当たり前の事実の確認である。

念のために言っておくと、「意味するもの」と「意味されるもの」の関係は完全に恣意的か、人間の発声組織や認知のメカニズムと多少の関係はあるのではないか、ということはソシュールを研究している人たちの間でも指摘されており、言語学と認知科学の中間領域で研究が行われているが、少なくとも、「犬」を〈イヌ〉という音で表示することに、生物学的な必然性がないのは確かだろう。絶対的に「恣意的」だと言い張る言語学者はいないし、構造主義の成果を踏まえて議論するレヴィ=ストロースやラカンのような構造主義者、それを脱構築していこうとするデリダやドゥルーズも、そこに拘っていない。

脳の認知メカニズムの話などしていない。脳の認知メカニズムとは違う次元の話だ、直接関係ないと断っているのに、山川は、それが脳内の話だと思い込んでしまう。だったら、もっと分かりやすく書けと言い出すかもしれないが、山川、祭谷、uncorrelated のように、自分でオリジナルのテクストを邦訳でさえ読もうともせず、ネット上で見つけてきた断片の中の、自分にも理解できそうな、更に小さな断片に噛みついて騒ぐような輩にも分かるように書くことなど不可能だし、無意味である。

この程度のことは、名古屋大学の構造主義言語学や構造主義を応用した文学理論の専門家に聴けば、一発で分かるはずである。そもそも山川がまともな学生生活を送っていたとすれば、そうした先生たちの授業に出て、教えを乞う機会はいくらでもあったはずだ。彼は今までどういう生き方をしてきたのか?

私が追加的に引用した箇所で、デリダは「(これらの)差異は戯れるces diffrences jouent」と言っている。山川のような輩には、これがまたブランクスレート説に見えてしまうかもしれないが、そうではない。言語の中での差異化のルールは変動するものである、というこれまた当たり前の話である。発音が変化することもあるし、新しい種が知られることで、動物の区分の仕方や動物という概念自体が変化することもある。

こうした変化は、脳内の認知メカニズムと何らかの形で関係しているであろうが、脳の構造からそうした変化が必然的に導き出されてくるわけでも、その逆に、言語の変化に合わせて脳の形が目立って変化するわけでもないだろう。

「差異」あるいは「差延」をめぐるデリダの議論を、言葉の印象だけから勝手に曲解している人は少なくない。彼らは、「デリダは、諸差異の変化は全く無制約であり、どんなナンセンスな意味の体系でも構築することが可能である、と主張している」、と思い込んでいる。そんなことはデリダも、彼と言語理論的に近い立場だと思われるリオタールやドゥルーズも一切言っていない。

むしろ、「分類学的な作業がそれら諸差異の体系的・統計的・分類的な明細目録の作製を企てうる」というフレーズから分かるように、諸差異から成る、言語を始めとする各種の記号体系が、一定の体系的・統計的・分類学的特性を具えていることを大前提にしている。

そうした安定しているように見える体系の中で、「差異化」の仕組みに徐々に変動が起こり(=差延）、それがどういう方向の変化になるか、予測できない、というのがこの箇所での彼の主張である。「ただ諸差異だけがそもそものはじめから徹頭徹尾「歴史的」でありうるのだ」、というのはそういう意味である。

因みに、山川が中略している箇所には、以下のように書かれている。

「もしも「歴史」という語が差異の究極的抑圧というモチーフをはらんでいるのでなかったら、こう言うこともできるかもしれない」

「歴史 histoire」が「差異の究極的抑圧 rpression finale de la diffrence」であるというのは少し難しい言い回しだが、これはポストコロニアル批評の最も基本的な前提に属する話なので、興味がある人は、入門書的なもので調べてほしい。

いずれにしも、デリダが言語が不可避的に孕んでいる、差異化のルールの変動をめぐる「歴史的」議論を、山川等が勝手に、脳の中の話にしてしまって、デリダやデリダ研究をしている人たちを、似非科学の信奉者に仕立てようとしていることは確かである。

山川ブラザーズの真骨頂

この山川のように、自分でもよく分からないまま、極めて雑な印象に基づいて〝ポモ批判〟をして、目立とうとしている人間、あるいは、そういう人間の尻馬に乗ることで、自分も目立とうとしたり、憂さ晴らしをしている連中のことを、私は「山川ブラザーズ」と呼んでいるのである。

この連中にとっては、いろんなメディアで取り上げられ、偉そうにしているように見える「ポモ」に関する悪口ツイートを拡散し、それを一定数の人がRTしてくれさえすれば、それでいいのである。悪口ツイートの内容が間違っていようが非科学的であろうが、どうでもいいのである。

例えば、前々回（本著一一六頁）で触れたように、私（仲正）が自分と同じ様に鬱ではないかと勝手に素人判断した、「南条宗勝 @Karasawa242002」という人物は、最近、（ポモの若手代表と見なされている）千葉雅也氏の以下のようなツイートに食いつき、それを山川に〝ご注進〟している。

> ニセ科学がどうしてニセなのかを科学的合理的に説明しても、信者には届かない。なぜなら、科学的合理性の根底もまた信仰だからだ。いや、近代科学は物質に直に関わるだろ！　と反論があるかもしれない。ならば、「物質性もまた信仰だ」と応えることができる。ニセ科学批判は、信仰の問題だから難しい。

千葉氏はこのツイートの前後で偽科学批判クラスタの人たちと、科学の本質とは何かをめぐって論争していたようであり、その全体について評価することはここでは差し控えるが、少なくとも上記のツイートに関しては至極当たり前の話をしているだけである。

偽科学の信奉者が、信仰に近い信念として信じているとしたら、科学的根拠に基づいて批判しても、彼らには届かない、という主張のどこがおかしいのか？　科学的根拠に基づく批判は、偽科学信奉者も受け入れざるを得ないというのであれば、とっくの昔に偽科学者信奉者などいなくなっているはずである。無論、偽科学信奉者とされる人にも、科学的根拠に関する誤解がもとで信じている人もいるだろうから、そういう人には科学的批判は確かに有効だろう。

その点で、上記のツイートは言葉足らずであるように思えるが、これをもって、「二一世紀になったというのに、この認識！」などと騒ぐ南条は、端的に国語力不足である。

そもそもどうして、自然科学や数学とほぼ縁のない、それどころか、ポモ系の学者とされる人たちよりもそうした方面の知識が欠如していると思われる山川などにご注進するのか？　理由があるとしたら、山川が千葉氏をポモの若手代表と見なして、しつこく粘着して誹謗しているからである。

山川にご注進して彼が拡散してくれたら、ネット上の千葉叩きの傾向が強まって面白いと思ったのだろう。これが科学的合理性を尊重するものの態度だろうか。南条は、理系／文系という以前に、高校レベルくらいから再教育を受けた方がいい。

私は、まさにこういう輩を「山川ブラザーズ」と呼んでいるのだが、前回（本著一四六頁）の記事が掲載された直後、「偽トノイケ☆ダイスケ（久弥中）」は、この表現に過剰反応して、何度もしつこくツイートしている。

この男は精々二回くらいで済む内容を、七回、八回と無駄にしつこくツイートする傾向があるが、どういう精神構造になっているのだろうか――今回は九回連投している。彼は、「仲正さんの主張自体が、まさに相手を『怪物化』する、または典型的な陰謀論者のそれである、とヒースは主張しそうじゃないか」、とまるで私が陰謀論的な話をでっち挙げたかのように言っているが、前回私が書いたことのどこが陰謀論なのだろうか？

恐らく、「山川ブラザーズ」という表現で、ポモ系の論客を陥れ、失脚させようとする闇のネットワークのようなものを暗示しているかのように思い込んだのだろうが、相変わらずの見当外れである。

ちゃんと読んでもらえれば分かるように、私はブラザーズをそれほど過大評価していない。ネット上のゴロツキどもが、「ポモ」というキーワードをターゲットに集まって来て、騒いでいるだけのことである。不愉快な連中ではあるが、脅威ではない。偽トノイは、ラカンやデリダが実際にどういうことを言ったのかではなく、もっぱら、私が反ポモ陰謀論のようなものを前提にしているかどうかに関心を持っているようだが、そういう風に「ポモ」に対してねじ曲がった関心を持って、ネット上で野合する人間の集合が、「山川ブラザーズ」である。それ以上でも以下でもない。

文脈が読めないがゆえに、全て自分に都合よく見えてしまう、お粗末な「反ポストモダン」脳

――「d・isる／d・isらない」の単純二分法でしか考えられない山川ブラザーズの壮大な陰謀論――

二〇一七年九月二日

　前回の連載がアップされた少し後、安直な〝ポストモダン〟批判を繰り返すことでネット上で目立とうとする山川賢一が誰かに入れ知恵されたらしく、この連載での私の記述に関して、「致命的な間違いがある」、「仲正の方こそテクストを読んでいない」、「嘘八百を並べ立てている」、「捏造だ」、などと騒ぎ始めた。

　実際には、私がある箇所で多少端折った言い方をしたことを、彼が、大げさに、かつ、かなり曲解し、鬼の首を取ったつもりになって、空騒ぎしただけである。私の書き方に多少難があったかもしれないと思えるのは、基本的に一か所、多くて二か所で、それらの箇所も文脈をちゃんとフォローできる人が読めば、どういう意図かはっきり分かる内容である。それ以外の点は、本の読み方を知らない山川の妄想の産物である。

しかし山川は、私の〝致命的弱点〟を見つけたと思って有頂天になったのか、私がどうリアクションするか不安でしかたなかったのか、あるいは、彼自身の人生の見通しが真っ暗でやけになっていることの反映か、ほとんど同じ内容を二十日前後にわたって、ツイッターやブログで連投し続けた。

すると例のごとく、uncorrelated、「yono@iyono」「AQN@ﾌ<)ﾉ◆」「Holm @holm239」「ほしみん@hoshimin」、「佐野剛士 @akumatengoku」「沼津圧倒的成長部@3日目・東6セ-12ｂ」、といった自分でテクストを読む能力のない連中が、山川の言い分を鵜呑みにして、訳が分かっていないくせに、私に対する誹謗中傷に加わった。

まさに山川ブラザーズである。勝手な妄想によって随所で話を捻じ曲げて、内輪で盛り上がっている山川ブラザーズにわざわざ反論するのは無意味なことだが、学校で本の読み方をちゃんと習わなかった奴がどのように妄想を積み上げていくのを示している、いい例なので、以下主だった点についてコメントしておこう。

ピンカー「ブランク・スレート説」批判の眼目

山川ブラザーズが捏造だと言って一番騒いでいるのは、この連載の第四二回（本著六八頁～）でのアメリカの認知心理学者スティーヴン・ピンカーについてのちょっとした記述である。

ブラザーズは、「ピンカーは激しくポモ批判しているのに、仲正はほとんど批判していないように捏造している。仲正はそういう捏造をせざるを得ない所まで、追いこまれている！」、と主張する。

出だしから間違っている。私は別にピンカーの主張が、「ポストモダン」思想にとっても、私個人にとっても脅威であるなどとは一切感じていないし、感じなければならない理由などない——どうしてそう言えるのかについては、以下で述べていく。

山川がしつこく、「ポストモダンは、ブランク・スレート説に依拠している。ピンカーなどの議論によって、ブランク・スレート説が無効であることが明らかにされ、欧米ではポストモダンはすたれつつある」、などと適当なことを言い続けるので、その適当さを指摘しただけである。ピンカーの議論が、「ポストモダン」系の思想にとって脅威だからではない。

山川ブラザーズは全然理解していないようなので——無駄と承知で——第四二回（本著七六頁〜）で述べた、私の基本的立場をもう一度確認しておこう。

ピンカーはその著書《The Blank Slate》（邦訳タイトル『人間の本性を考える』）で、「心はブランク・スレートであるという教義は、人間についての研究をゆがめ、ひいてはそうした研究をよりどころにして下される判断を、公私を問わずゆがめてきた」（邦訳より引用）と述べている。

彼によると、「私たちの社会の主流の知識人 our intellectual mainstream」はこの教義に従っている、という。

そして第一章の冒頭部で、英国の哲学者ジョン・ロックのブランク・スレート説を核とする経験論に触れ、ブランク・スレート説のインパクトによってそれまでの身分制社会が根底から揺るがされ、「前世紀には、ブランク・スレートの教義によって、多数の社会科学や人文科学の路線が設定された」などと、ブランク・スレート説の影響の大きさを強調している。

こうしたピンカーの議論の前提になっている部分をごく素直に読めば、ピンカーは、英国経験論の影響を受けた社会科学・人文科学全般の在り方を問題にしており、少なくとも「ポストモダン」だけを問題にしているのでないことは分かる。

英国経験論の大前提に問題があるとすれば、当然、その後継者である英米系の哲学のほとんどが批判の俎上に載せられることになる。思想史的にオーソドックスな見方をすれば、経験論の直系は、「ポストモダン」とむしろ対立関係にある分析哲学である。

実際ピンカーは、ブランク・スレート説を広めるのに貢献した哲学者として、ジョン・スチュアート・ミルやバークリー、ギルバート・ライル、ヒューム、カン、サルトル、ニーチェ、ヴィトゲンシュタイン、ゴドウィン等を挙げている。この中には、明らかに「ポストモダン」と対立する考え方をしている人が含まれている。

山川やuncorrelatedは、「いや、ピンカーの『ブランク・スレート』説批判はもっと現代的な議論を念頭に置いている」とか、「経験論系の哲学者でも好意的に評価されている人がいる」、などと言って、私に反論したつもりになっているが、見当外れである。ピンカー自身が「ブランク・スレート」説と、英国経験論の繋がりを指摘している——常識的な話なので、別にピンカーに教えてもらうまでもないことだが——のだから、基本的に、経験論の系譜を引く哲学全般が彼の批判の俎上にのるはずだ。私は、そういう当たり前のことを書いたのだが、山川ブラザーズにはそこからして理解できないようである。

ピンカーの中では、典型的なブランク・スレート説でないので、経験論の系譜に属していても好意的に評価できる哲学者もいるということになっているのかもしれないが、何が彼にとっての許容範囲の基準になのかはっきり分かるような書き方をしていない。

場面ごとにアド・ホックに使い分けているのだとすれば、思想史の記述としてはダメである。真面目に思想史を勉強している人間であれば、どうして「ブランク・スレート」などという大げさな概念を掲げて、西欧近代の文系学問の〝主流派〟なるものを批判しようとするのか、藁人形ではないのか、という疑問を持つ。

思想史に全く興味がなく、ピンカーを妄信する「ほしみん」は、「ピンカー先生がいい加減なことを書くはずがない、ピンカー先生が藁人形論法を使っていると主張する仲正の知的怠慢は眼を覆うばかりだ」、などと聴いた風なことをツブヤイテいた。これほど短絡的で認知バイアスの塊のような奴が、ピンカーをちょっと読んだだけで世の中の全てを分かった気になり、論客ぶって現役の学者である私を罵倒するのであるから、呆れかえる。

ピンカーは心理学者であって、思想史家でも哲学者でも社会学者でもない。だからピンカーや彼の信者に、「ブランク・スレート」のレッテルを貼られたからといって、（「ポストモダン」系とされる人も含めて）文系の学者が怖れる必要はない。

心理学と文学や哲学、社会学では、扱う対象や方法論が異なる。この点もちゃんと書いたのだが、ブラザーズは理解していない——だから、「仲正が脅威を感じて捏造によって、ピンカーの批判を回避しようとしている」、などという頓珍漢な妄想を展開することになる。

〝ピンカーの批判〟を真剣に受けとめる必要があるとすれば、当該の哲学、文学、社会学などの理論が依拠している大前提、公理のようなものが、単に字面のうえだけでなく、実質的に「ブランク・スレート」仮説に依拠しており、それが心理学なり認知科学によって実証されている科学的事実に反している場合である。ピンカー先生が、「○○の理論はブランク・スレート説的だ」と漠然と示唆するだけであれば、単なる個人的印象なので、気にする必要はない。ここが肝心だ。

『人間の本性を考える』の中に、確かにポストモダンについての批判的なニュアンスの言及はある。私は、ピンカーがポストモダンを批判していない、などとは言っていない。上に述べた意味で、具体的論拠が乏しい、と言ったのである——山川等はそれが理解できない、あるいは、強引に揚げ足を取ろうとして無視している。

ポストモダン系の思想と「ブランク・スレート説」の関係について、単なる皮肉のような話ではなく、ある程度明示的に述べられているのは、（日本語訳の区分けで）第二十章「芸術」だけである。この章でピンカーは、現代のエリート的な芸術運動では、美に関する人間の感性をめぐる「ブランク・スレート」的な考え方が支配的になっており、それを主導しているのが、ポストモダン系の理論である、という主旨のことを述べている。モダニズムやポストモダニズムは、「まちがった人間心理の運動であるブランク・スレート説にもとづいている」と述べられている。Viking Press から出ている原典だと、四一二〜四一三頁、邦訳だと下巻の二五〇〜二五三頁にかけてである。この肝心のところで、ポストモダン系の特定の理論家の具体名は出てこない。

私はそのつもりで、四二回目（本著七八頁参照）の連載で「ポストモダニストの具体名を挙げているわけではない」、と書いたのだが、山川と彼に入れ知恵した人間はここに食いついてきた。

確かにこの言い方だと、全巻を通じてポストモダニストの名前が一切出てこない、と言っているようにも見える。少々雑な書き方だったという気もするが、ちゃんと筋道を追って考えられる人が読めば、「ブランク・スレート説に明白に基づいた芸術論を展開しているポストモダニストの具体名を挙げていない」、というつもりなのは十分わかるだろう。

それに、ポストモダニストの名前が出てくるかどうかは元々大した問題ではない。先に述べたように、個々の理論家が、(生物学・心理学的な意味での)「ブランク・スレート説」に明白に基づく理論を展開している、という論証がない限り、ほとんど意味がない。

しかし山川ブラザーズは、名前が挙がっているかどうかが重大問題だ、と思い込んでしまって、私が捏造したと大騒ぎし始めた。そして他にもないかと強引なあら捜しを始めた。基本的にはそれだけの話である。

ポストモダンは精神を腐すとピンカーは言っているが〝大した〟批判をしていない

山川等がポストモダニストの具体名が出ているじゃないか、と大騒ぎしている箇所に、どれほどのことが書かれているか一応述べておく。日本語訳にはないが、原典には人名を含んだ索引があるので、簡単に確認できる。二十章には、フーコーとバトラーの名前が二回出てくるが、一か所は、ポストモダニズム系の批評の流行がアドルノやフーコーからバトラーに移ったらしいということと、そのバトラー論文が悪文コンテストの一等賞に選ばれた、というしょうもない話を紹介しているだけ。

もう一か所はその少し後で、これまた、「最近の大学院生はフーコーやバトラーといった権威者の名前を適当にばらまいたちんぷんかんぷん（in gibberish）の文章を書かないかぎり就職市場が締めだされてしまう」、という個人的な印象を述べているだけである。

無論、具体的統計資料とか当事者へのインタビューとかを示しているわけではない。山川たちには、これがものすごく意味のある学術的な言明に見えるようだが、単にｄｉｓっているというレベルの話だ。

山川は得意気に、別の章にデリダとバルトの名前が出てくる箇所があると言っているが、ここもそれほど大したことは言っていない。第十二章「人は世界とふれあうIn Touch with Reality」の中で、言語が世界を決定するという考え方が言語学だけでなく、社会科学でも強まっていると述べられている。その関連で、「脱構築主義やポストモダニズムをはじめとする相対主義」の教義の例として、この二人が引き合いに出されている。

デリダについては、「言語から逃れるのは不可能である」「テクストは自己言及的である」「言語は力だ」「テクストの外には何も存在しない」といった文が彼に由来するものとして参照されているが、これらは正確な引用ではない。最後の一つ以外は、本当にデリダ自身の主張と言えるのか怪しい——最後の一つも、デリダがかなり特殊な意味で「テクスト」と言っていることを知らないと、誤解する。

実際、ピンカーは、引用元を明らかにしていない。しかも、これらがどういう意味で「ブランク・

スレート」説に依拠していると言えるのか全く説明していない。何となくデリダっぽいと思われる文を並べて印象付けただけである。

バルトについては、一応引用元——バルトの主要著作からではなく、あるシンポジウムでの報告の一節である——を示したうえで、「人間は言語以前には存在しない、種としても個人としても」という文が引用されているが、デリダの場合と同様、これがどういう意味で言われているのかについての説明はない。山川や「ほしみん」には、こういうのが学問的に厳密で信頼に値する〝批判〟に見えるのだろう。

因みに山川は名古屋大学の大学院でバルトを研究していたはずだが、彼はバルトがピンカーの言っているような、生物学・心理学的な意味での「ブランク・スレート」説を取っていると考えているのだろうか？　もしそれが立証できるなら、バルト研究にとって画期的な意味を持つはずなので、是非論文にすべきである。

かつての彼の恩師や、専門のバルト研究者の人たちから見直してもらえるだろう。何かの有益な仕事に繋がるかもしれない。それとも、いつもの調子で、ピンカーの一行にも満たない引用で十分証明になっていると言い張って、終わりにするのだろうか？

uncorrelated は、「ピンカーはポストモダンは精神を腐すと言っているが、大してポストモダン批判はしていない by 仲正昌樹」というへんてこなタイトルの togetter を開設して、そこに山川等のツイートを貼り付けて、得意になっている。この男も、学問的な意味での「批判」という言葉の意味を知らないのだろう。こういう連中は、学問からドロップアウトして当然だ。ただし、「大して」

を「大した」と訂正するのであれば、大筋で、私の発言と認めてやってもよい。

この前後の山川等のツイートを見ていると、彼らはテクストを読む時、何が全体的な主題になっているのか、どういう文体がどういう狙いで採用されているのか、どのような論拠に基づいてどういう論証がなされているのかといった肝心なことはどうでもよくて、もっぱらその著者が、○○をディスっているか／いないか、ということにしか関心がないようである。

普段から反ポモ的な態度を取っている思想家や文学者のテクストに、ちょっとでも「ポストモダン」を暗示しているような表現が出てくると、そのテクストは「反ポモの書」ということになってしまうようである。

第二点に移ろう。山川は、同じ第四十二回の「サイエンス・ウォーズ（ソーカル事件）に登場したソーカル、ブリクモン、ブーヴレスや、ポスト・ソーカルの論客としてよく引き合いに出されるジェイムズ・ロバート・ブラウンなどは、（中略）狭義の〝ポストモダニスト〟と、（中略）ファイアーアーベントやラトゥール等の批判的科学社会学者を一括りに〝ポストモダニスト〟と呼んでいる」、という言い回しにかみついて、「嘘だ！　ブラウンはポストモダニストと社会構築主義者を区別している！」、と吠えている。これは山川が「区別」という言葉の意味を知らないことを端的に示している。

『なぜ科学を語ってすれ違うのか』（《Who rules in science》, Cambridge University Press, 2001）で、ポストモダンと社会構成主義の関係について述べられているのは第四章であるが、この章の冒頭でブラウンは、

「ポストモダン主義は、社会構成主義のなかでもニヒリズム寄りの一翼をなし、社会構成主義全体としてみればかなり特殊な集団といえる」（邦訳、一三四頁）と述べ、社会構成主義——社会構築主義とも訳される——(social constructivism) の中の最過激派、あるいは、その内部の特別な変わり者として位置付けている。

その後で、社会構築主義の中の自然主義派 (naturalistic versions) とポストモダン主義が対立していると述べているので、〝区別〟をしているようにも見えるが、そもそも、社会学の方法論、あるいはそれを重視する流派である「社会構成主義」の中に、哲学、文芸批評、精神分析、文化人類学などを出発点とするポストモダン系の思想を位置付けること自体が思想史・学問論的におかしい。社会構成主義の立場に立つ「科学社会学」というのはあるが、〝ポストモダン〟にはそのような部門はない。

そもそも、これまでずっと述べてきたように、「ポストモダン」学と呼べるような統一的な集合体も、思想的な共通の前提も、方法論もない（『FOOL on the SNS』）、及び、本著六八頁～を参照）。

更に、この四章では、ポストモダン批判の延長で、社会構成主義のニヒリスト的な極に位置する人物としてファイアーアーベントが取り上げられている。ファイアーアーベントは、狭義の社会構成主義者ではないし、〝典型的なポストモダニスト〟としてやり玉に挙げられることの多いデリダ、ドゥルーズ、リオタールなどとはかなり異質な思想の持ち主だが、これでは、ファイアーアーベントがポストモダニズム系の科学論の代表格のように見えてしまう。

私はそういうことを「混同」と言ったのであるが、山川等の雑な思考では、社会構築主義者の一部がポストモダニストと対立しているという書き方をすれば、両者を十分に区別したことになるのかもしれない。

第三点として、やはり四二回の記述に関する（本著七八頁〜）、山川の意味不明のクレームも紹介しておこう。

山川がピンカーと並ぶ「ブランク・スレート」説批判の大物として持ち上げているE・O・ウィルソンについて、私は以下のように述べた。

「『社会生物学』という七〇年代に登場した比較的新しい分野の研究者である。創始者は彼自身である。人間を含む生物の社会的行動全般を研究対象とするこの分野は、生物学の他の分野に比べて、直接的に実証できないファジーな部分が大きい。だから、ウィルソンの議論を契機として「社会生物学論争」が起こった。論争の当事者になるような先鋭的な議論をする人を、生物学の代表のような形で引き合いに出すのはミスリードである」

これに対して、山川は、この連載四一回（本書六二頁〜）での私の発言を引き合いに出して（いるつもりで）、「仲正は論争に意味はないと言ったのに、論争の有無を問題にしている。矛盾していることに気付かないいんですかね。失笑してしまいます」、という主旨の恐ろしく頓珍漢なツイートをしている。第四一回の記事をまともな人間がちゃんと読めば分かるように、私は「論争に意味がない」と言ったのではなく、「論争の勝ち負けで思想のブームが決まるなどと思っているのか？」と言ったのである。

山川や祭谷一斗、ほしみん、佐野剛士等の頭の中では、これが同じことになってしまうようである。ここまで思考回路が狂っている人間には、何を言っても意味はないだろう。山川は更に、「仲正は論争に意味はないと言ったが、俺は論争に意味があることを示す。論争でのウィルソンの勝利によって、社会生物学会が誕生したのがその証拠だ！」、と理解不可能な〝論〟を展開していた。

第四点として、前回（第四十七回）の記述に対する、山川のクレームを取り上げよう。この回において私は、山川がネット上でぶっきらぼうに投げかけた、以下の〝質問〟に対してコメントしている。山川の〝質問〟というのは、彼がネット上で見つけてきたらしい、デリダの『哲学の余白』の以下の部分に関するものである。

「差異はトポス・ノエートス（叡智界）のなかに書き込まれているのでもなければ、あらかじめ脳髄の蝋板に書かれているのでもない。（中略）ただ諸差異だけがそもそものはじめから徹頭徹尾「歴史的」でありえるのだ」

山川が『哲学の余白』に収められている当該の論文全体を読まない——あるいは、理解しない——まま、この断片からの印象だけで、デリダは「ブランク・スレート」説だと強引に決めつけ、それをどう思うか、と私に〝質問〟——実際には、質問というより、意見の押し付けである——したのである。

私が、どう〝答えた〟かについては前回の記事を見て頂きたいが、その中で私は、「蝋」という譬えは、物質をめぐるデカルトの議論を念頭に置いているものだろう、と述べた。

そのことに関して、山川は「ある知人」から教えてもらった情報を基にして、「これも嘘八百。デリダも草葉の陰でびっくりしているだろう。元ネタは、デカルトではなくアリストテレスだ」という調子で、私を罵倒した。そして、その知人から教えてもらったというジョルジュ・アガンベン——正しくは、ジョルジョ・アガンベン（Giorgio Agamben）——の著書の以下の一節を引き合いに出した。


……『霊魂論』第三巻に見られる一節である。アリストテレスは其処で、ヌース、つまり潜勢力という状態にある知性ないし思考を、まだ何も書かれていない書板に喩えている。『書板（グランマティオン）が、現勢力という状態にあっては何も書かれていない（が、潜勢力という状態にあっては字が書かれていると言える）のと同様のことが、ヌースについても起こる』。紀元前4世紀のギリシアでは、パピルスの紙の上にインクで書くというのは、唯一の通例の書き方ではなかった。薄い蝋の層で覆われた書板を尖筆でひっかいて書くというのがより普通であり、特に私用ではそうだった。自分の論考の決定点に至り、潜勢力という状態にある思考の本性と、思考が知性の現勢力へと移行する在り方とを探求するときに、アリストテレスが例として用いているのがこの種のものである。恐らくそれは、彼が自分の思考のあれこれをその瞬間に書き留めていた当の書板自体だったのだろう。

（『バートルビー 偶然性について』、p11—12）

この一節を見て、私も最初、「トポス・ノエートス」というプラトン的な表現の直後なので、その対比として、アリストテレス由来の比喩を使っているという考え方もありかと思い、山川に知恵を授けた「知人」に一定の敬意を表してもいいという気はした。

しかしデカルトではなく、アリストテレスだと言い切るには論拠が弱い。また、〝ポストモダン〟と私を貶めたいという山川の悪意と混乱のせいで、全体的に恐ろしくねじ曲がった話になってしまった。どうして、山川のような訳の分からない奴ではなく、私に直接言ってこなかったのか？

まず、最初に確認しておくべきこととして、当該論文の中でデリダが「脳」に言及しているのは、先の一文だけである。当然、「蝋（板）」の比喩もこの一か所しか出てこない。言語体系を言語体系をたらしめている「差異」は、叡知界にも、脳という物質の中にもない、というごく当たり前のことを確認するために、「脳」とか「蝋」という表現が出てくるにすぎない。

山川は、この箇所のちょっと後に、「意識」という言葉も出てくるので、やはり認知科学的な話のはずだ、と言い張っているが、論文全体を読めば、この「意識」というのも、認知科学的な意味で言っているのでないことはすぐ分かる。先に述べたように、山川は自分に都合がよさそうなキーワードを一つでも見つけると、その本や論文全体がそのキーワードをメインテーマにしていると思い込んでしまうようだ。

一か所でしか使われていない比喩の「元ネタ」を云々するのは無意味である――それとも、山川は「元ネタ」という言葉を通常とは異なる意味で使っているのか？　哲学でも文学でも「蝋」という比喩はいろんな文脈で使われているので、誰のどのテクストをより強く意識しているか、という蓋然性の話でしかない。複数の著者、テクストを念頭に置いていても、全然おかしくない。アリストテレスとデカルトを同時に念頭を置いていることは十分にありうる。そこを理解しないで、比喩の〝正しい元ネタ〟を決めようとする山川は見当外れである。

デリダは、単なる比喩とか注釈にしか見えないものの中に重要な意味が隠されていることを明らかにしていく脱構築的読解の名人だが、さすがに、当該テクストにたった一回しか登場しない――他の比喩と有機的に連関しているわけでもない――比喩だけを根拠に、「この比喩が使われている以上、このテクストのテーマは○○だ」、などと主張したりしない。それは読書が苦手なくせに、分かったふりをしたがる中高生がやることである。

「ブランク・スレート」とは山川自身のことだった!?

このことを踏まえたうえで、アガンベンが上記で参照しているアリストテレスの『霊魂論』の該当箇所を、デリダが『哲学の余白』の記述の中で強く念頭に置いていたとする、山川の「知人」の意見について検討してみよう。先に述べたように、プラトンの後にアリストテレスが来る蓋然性は高いと言えるだろう。「魂」と「書板」という比喩が、「脳」と「蝋板」という比喩にシフトしたという見方にもそれなりに説得力はある。ただ注意する必要があるのは、アリストテレスはあくまで、「魂」と「書板」について述べているということである。「魂」と「脳」を連想で結び付けるのは近代人の発想であって、古代ギリシア人であるアリストテレスの発想ではなかろう。無論、近代人であるデリダが、「魂」を「脳」に置き換えてイメージした可能性はあるが、デリダがアリストテレスを強く意識しているとすれば、その置き換えについて何らかの説明・弁明をしている、あるいはヒントを与えているだろう。

また、アガンベンは、アリストテレスは『霊魂論』の該当箇所で、〈grammateion（書板）〉ではなく、〈epitedeiotes（蝋膜）〉と書くべきだったと述べているが、それはアガンベンの解釈であって、アリストテレス自身の使っている表現は、あくまで〈grammateion〉である。「蝋」とストレートに結びつくわけではない。

それから、これは日本語訳だけ見ていると分からないことだが、原文でデリダが使っている言葉は、〈cire（蝋）〉であって、〈tablette de cire（蝋板）〉ではない。「板」という言葉が入るか入らないかで、かなり印象が異なる。〈cire〉という一つの単語で表現されているので、私は、叡知界との対比で、脳の物質性を強調するためだけの比喩と理解し、デカルトの物質論からの連想だと判断したのだが、既に述べたように、そこにアリストテレスの「魂＝書板」のイメージも被さっていると認めることにやぶさかではない。

ただ、デリダはそのことを特に強調していないのは確かである。アリストテレスのことを強く示唆したいなら、ギリシア語の原語を挿入したり、アガンベンがやっているように何か暗示的な〝注釈〟を挿入しているだろう。

当たり前のことだが、デリダはアガンベンではないので、アガンベンの関心とデリダの関心が常に一致するわけではない。『グラマトロジーについて』とか『プラトンのパルマケイア』など、「書字」

をメインテーマにしたテクストであれば、『バートルビー』でのアガンベンの関心と、デリダのそれがかなり重なっていると見てよいが、『哲学の余白』の該当論文はそういう性質のものではない。百歩譲って、デリダがアガンベンと同じ様に、該当箇所で、「魂」と「書板（蝋板）」を結び付けるアリストテレスのメタファーに対する強い関心を示していたとしても、それは、ピンカーの言う「ブランク・スレート」説とは関係ない。

アリストテレスは、知性の可能状態（dynamis）を「何も書き記されていない書板（grammateion）の状態」に譬えているが、これは「終極実現状態（entelecheia）」との対比で使われている表現であって、ロック以降の経験論で問題になっている基本概念の生得性の有無とは関係ない。これは『霊魂論』の該当箇所の前後を読めば、分かることである。

アガンベンは、アリストテレスのメタファーが〈tabula rasa〉という後代の哲学的メタファーの起原であることを指摘しているが、彼自身は別に「ブランク・スレート」説の話をしているわけではない。

小説の中のバートルビーの振る舞いと職業が、「蝋板」をめぐる比喩と結び付いている、という話をしているだけである。これは、アガンベンによる評論か、小説『バートルビー』のいずれかを読んでいれば、簡単に分かることである。

山川の「知人」は一体彼に何を教えてやったのだろうか？——山川や「ほしみん」「佐野剛士」のような精神状態を「ブランク・スレート」と呼ぶのであれば、アガンベンはある意味、「ブランク・スレート」について語っていると言えるかもしれない。

結局山川は、デリダがテクストの中で一回だけ使っている比喩が、［tabula rasa → blank slate］という比喩と語源的に重なっているかもしれないという話を、「デリダ＝ブランク・スレート」説という大風呂敷な妄想にまで広げてしまったのである。

彼は、名古屋大学でテクストの読み方について何も学ばなかったのか？　その山川を大学教授の知的怠慢を暴露する論客として持ち上げる「ほしみん」や佐野剛士、（自称医療ジャーナリストの）祭谷一斗などはどういう教育を受けてきたのか？　彼らにとって、「ブランク・スレート」説とは何なのか？

これと関連した、山川のもう一つの誤読も最後に指摘しておこう。山川は、「知人」からピンカーやアガンベンについて入れ知恵される前に、以下のようにツイートしている。

> 仲正先生からお返事をいただきました。山川はデリダの哲学的議論を認知科学の枠組みにおしこめ曲解しているとの主張ですが、ぼくがいった、差異の有無を判断する基準が先天的に存在していなかったら帰納的推論できないってのはクワインの主張なんで、こっちも哲学的議論なんですけど……

←

> クワインそのものは読んでいないけど、丹谷先生の本でそういう議論を知った。

←

人間はブランクスレートか否かってのは哲学的議論でもあるから、認識論の自然化とか哲学の自然化という話が出てきているのだと思っていたのですが。仲正先生は「ブランクスレートか否かは科学的問題！　デリダは哲学的議論をしてる！　関係ない！」という切断操作をしたがっているようにみえますが。

これも例によって、山川流の曲解と誤読の組み合わせである。哲学者の中にもデネットのように、認知科学的な次元での議論にコミットしている人はいるが、デリダはそういう次元の議論にはほとんど関与していない。哲学にもいろんな分野、議論の次元がある。哲学者が「自然科学」に関わる議論をする場合でも、個別分野の研究内容に立ち入った議論をする場合もあれば、メタ・レベルでの検討を加えるだけの場合もある。「ブランク・スレート」説は哲学の問題か、などという雑な問いに意味はない。

因みに、山川が読んだクワインに関する本というのは、『現代思想の冒険者たち』に入っている、（丹谷ではなく）丹治信治氏の『クワイン』のことだが、この短いツイートからも山川が、（かなり漠然とした意味での）「ブランク・スレート」説が哲学の主要な問題であると主張せんがために、かなり強引な理解をしていることが窺える。

先ず、クワインが言っているのは「差異」ではなく、「類似性」である。「差異」は「類似」の裏返しにすぎないと言うかもしれないが、デリダは「差異の体系」としての「言語」における「戯れ」について論じているのだから、「差異」と「類似」でかなり話が違ってくる。デリダとクワインはいずれも「言語」を問題にしているものの、切り口や議論の次元がかなり異なる。「差異」と「類似」を混同したりすると、余計話がかみ合わなくなる。

この点を大目に見るとしても、「差異の有無を判断する基準が先天的に存在していなかったら帰納的推論できないってのはクワインの主張」だというのは、かなり怪しい。

丹治氏の本の該当箇所を読めば分かるが、山川は「帰納的推論の正当化」と、「帰納的推論」それ自体を混同しているようである。その違いも大目に見て、クワインが「帰納的推論」が「類似性」に関する生得的感覚に基づいていると主張しているとしても、だからといって、クワインが反「ブランク・スレート」説の立場を取っていることにはならない。

繰り返し述べてきたように、「ブランク・スレート」説というのがそもそも、どういう説なのか具体的に特定しないと、意味を成さない。山川——あるいは彼に入れ知恵してやった人間——は、丹治氏の本の二四九〜二五〇頁だけ見て分かった気になったのだろうが、この部分で説明されていることは、クワインの思想のごく一部でしかない。

プラグマティズムの系譜に連なるクワインは、どちらかと言うと、言語の社会的・歴史性格を重視する哲学者である。丹治氏の本の全体を読めば、あるいはせめて二四九〜二五〇頁だけでなく、二五一頁までちゃんと読むと、「ブランク・スレート」説でクワインを引き合いに出すのは筋がよくないと分かるはずだ。

クワインにせよ「ポストモダニスト」にせよ、哲学者のほとんどは、人間の精神は生得的に形成されている部分と、個人的経験や社会の影響で構築される部分の両面があるという前提で議論をしているので、「ブランク・スレート説」というのが何の生得性を否定する説なのか特定しないと、意味を成さない。

ポストモダンの視点と姿勢

最後にもう一点、山川の根本的な勘違いを指摘しておこう。前回の私の記事に関連して、山川等は、ポストモダニストは普段から過激なことを言っているくせに、批判されると、自分たちの言っていることはそんな大それたことではない、もっと常識的なことだと下手な言い訳する、などと分かった風な口をきいていた。

そういう風に見えるのは、ほとんどの場合、反ポモを標榜している人間が、〝ポストモダニスト〟のテクストで語られていることを理解していない、あるいは、読まないで〝批判〟しているからである。

先にデリダに即して述べたように、**〝ポストモダニスト〟と呼ばれている人の多くは独自の視点からのテクスト読解や表象分析によって、常識だと思われていることに前提として潜んでいる、思いがけない不思議な事態、関係性、意味の層を掘り返し、そこから常識に揺さぶりをかけることを得意とする。**

常識自体の中に潜んでいる矛盾を起点にして思考を進めるというのは哲学や文芸批評の常套手段が、〝ポストモダニスト〟はそれを標準とはかなり違うやり方で遂行するので、その道のプロでもびっくりさせられる。しかしよく読めば、ちゃんと筋道が通っていることが多い。最初から最後までちゃんと読まないで、結論だけ読むと、訳が分からないとか、やたらに非常識、といった雑な印象しか残らない。

無論、〝ポストモダン〟を気取って、外見だけ派手で、本当に無意味な文章を書くライターもいるが、それは、ちゃんと読んだうえでないと判断できない。山川ブラザーズのように、「おお！　ソーカル大先生がラカンをすごくｄｉｓっている！」「ピンカー大先生はバトラーもｄｉｓっているぞ！」「ブラウン先生はデリダをｄｉｓっている！　ポモはとうとう追い詰められた！」、などと、下手な八百屋政談のような話で盛り上がっている輩には、〝ポモ〟が本当は何と言っているのかなどどうでもいいのだろう。

〝ポモ〟の話と直接的関係ないが、山川ブラザーズには、頭の中がどうなっているのか本当に不可解な奴が多い。「yono@iyono」と「AQN@ｺ^)ノ◆」は、拙著『Fool on the SNS』に所収の「アニメ・アイコン」についての記事（同書五四頁）に関する、ある人のツイートの内容と、今回の山川の妄想めいた言いがかりを短絡的に結び付けて、

> 「『アニメアイコンが～』しか、言い返す所なかったんですねえ∨仲正先生（;´Д｀）」
> (yono@iyono)

「仲正昌樹って人、しんかいさんに発言のデタラメさを叩かれて、逆恨みして「これだからアニメ・アイコンは」なんて２０１７年にもなって言ってるのか。痛い人だな」

（AQN@ヮ<)ノ◆）


などと、時間的前後関係が全く逆のデタラメな話を作って、悦に入っていた。

もう一人単純なバカのサンプルを挙げておく。本著四九頁～で指摘したように、いきなり私に対して〝ポモ〟関連の誹謗中傷を連投したあげく、自分の方が被害者であるかのごとく装った「たかはし＠調布圧倒的成長部＠tatarou1986」という奴がいる。山川はこいつに便乗する形で、私に対する誹謗中傷を始めたのである。

「たかはし」はその後、「ネット論客などやめてやる！」と宣言して、ハンドル名も、「沼津圧倒的成長部＠３日目・東６セ-12ｂ」と改名していた――前にもまして、どういう精神状態なのかと思わせる、異様に長いハンドル・ネームだ。その「たかはし」が、八月上旬の山川の連投に刺激されたのか、以下のような誹謗中傷ツイートをしている。


あの人とメールしましたけど、仲正が「学術的作法では、これこれこうなるんだよ」などという説明してくれたことはないですね。被害妄想全開で、こちらの一挙手一投足をすべてポモへの攻撃だとみなして曲解するんです。正直私は彼の精神状態に不安があります。

こいつも山川と同じで、自分がやったことは全て忘れ、自分は紳士的に振る舞ったのに、一方的に攻撃された被害者だという記憶に簡単にすり替えてしまうようである。

自分自身の「ネット論客廃業」宣言も忘れたのだろう――「たかはし」が実際、どのように振る舞ったかは、本著四九頁～参照。私の精神状態を不安に思うと言っているが、それはこいつ自身の抱えている不安の投影だろう。

ごく常識的に考えて、学者・教師としていろいろ忙しく日々の仕事をしている私と、こんなおかしなハンドル・ネームを付けて一日中無意味なツイートを続け、自分がネット論客廃業宣言をしたことも忘れ、頼まれてもいないのに争いごとに首を突っ込んでくるこの男のどちらの状態がより不安定だろうか？

山川はとにかく私が追い詰められていることにしたいようだが、一体、何によってどのように追い詰められていると思っているのだろうか？　ポモが衰退したことで、大学でのポストを失う恐れが高くなったということか？　それとも著作の出版や学外での講演などの仕事ができなくなるということか？　いずれも、私自身にはほとんど実感がない。

それとももっと別のすごいシナリオを考えているのか？　山川ブラザーズによる、ソーカルやピンカーの受け売りの受け売りの……受け売りは不毛であり、かなり飽き飽きしているが、彼らが、〝ポモ学者としての仲正が追いつめられている状況〟なるものを、どう想像しているかについては多少興味がある。私が全く想像できなかったような面白いストーリーを考えて披露してくれるのであれば、誉めてやってもいい。

山川ブラザーズが、「バルト＝ブランク・スレート」説を論文にして発表しようとしないのは何故なのか？

二〇一七年一〇月八日

これまで何回か指摘したように、山川ブラザーズ（＝ネット上でかなり低レベルの反ポモ言説を中心に群れたがる面々）は、デリダ、ラカン、フーコーなどのポストモダン系の思想家たちの理論はことごとく、「ブランク・スレート説」なるものに依拠しており、そのブランク・スレート説は、スティーヴン・ピンカー等によって論破されてしまった、従って、「ポモ」は近い内に滅びるだろう、という恐ろしく大雑把なストーリーを描いて、得意になっている。

しかも、そういう状況に危機感を覚えている、私のような〝ポモ学者〟が必死になって、ピンカー等の発言を捏造している、とまで言う。ブラザーズの言う「ブランク・スレート」説なるものは、あまりにも雑な決めつけに基づくものであることはこれまで述べてきた通りなので、ここでわざわざ繰り返さないが、私のような〝ポモ学者〟が〝追い詰められている状況〟について彼らがどうイメージしているのかについては多少なりとも興味があったので、一体どういうことなのか、具体的に示すように呼びかけてみたが、それには全く反応がなかった。

誰にも無効で空虚な山川ブラザーズの〝口撃〟

反応がないのは、文系の学者の人事とか身分保障、学内外での業務などのアカデミックな事情についても、人文系のジャーナリズムや出版の動向についても、ほとんど何も知らないからだろう。事情が分かっている人であれば、山川ブラザーズとか、自称理系人間たちから成る似非科学批判クラスターのような得体のしれない連中にネット上で罵倒されたからといって、終身雇用されている大学教員が職を失うことなどありえないし、同僚たちからも非難されて大学内での立場が苦しくなるとか、学生から問い詰められて授業がやりにくくなる、といったことも一切ないのは常識のはずである。

心理学や文化人類学、保健・体育系など、実験・現地調査系的なことをやっている教員であれば、その人が取り組んできた研究テーマに対する社会的評価が低くなると、実験や実習のための研究費が獲得しにくくなる、ということはありうる――無論、ネット上でド素人が「○○学は不要だ！」と叫んだところで、その分野の評価が下がるわけではない。

しかし、「ポモ」と呼ばれているのは、通常、文学、哲学、美学などの、いわゆる典型的な文系分野である。実験とか実習のためにお金のかかる特別プロジェクトを組む必要はない。因みに、私が金沢大学で教えているのは政治思想史、ドイツ語、応用倫理学なので、授業の中でデリダとかドゥルーズの名前を挙げることさえほぼない。精々、ベンサムのパノプティコンの関連でフーコーの名前を出すくらいである。

また、山川ブラザーズが「ポモ！　ポモ！　ポモ！」、と吠えるおかげで、本や論文・時評などの執筆や、メディアへの登場のオファーが激減するなどということもほとんど考えられない。

山川が嫉妬心をむき出しにして攻撃している東氏や千葉氏の最近の動向を見れば、そんな影響などほぼないのは明らかだろう。私自身に関しても、私が最近どういうタイトルの著作をどの出版社から出しているか、どういうメディアに登場しているか、少しネット検索すれば、山川ブラザーズの言うような「反ポモ的なものに包囲される脅威」の片りんもないことは一目瞭然である。

もっともブラザーズの面々にとっては、山川や祭谷や uncorrelated などのツイッター上の書き込みが、私の〝全て〟のようなので、本当に私が追い込まれていると信じているかもしれない。そういう連中に付ける薬はない。また、ブラザーズの大半は、山川自身と同様に、又聞きの又聞き……の又聞きで本の内容を部分的に知ると、その本自体を読んだ気になるようなので、そんな連中が増えたところで、私の出している本の売り上げには何の影響もない。「Skinnerian」とか、「ほしみん」とか「あずきマロン＠指す将順位戦 A2 @AzukiMarn」などの書き込みを見ていると、この連中にまともに本を読む能力がないのがよく分かる。

「山川浮上計画」。君への提言

ところで、Skinnerianはしばらく前に第四五回での私の記述（本著一四一頁〜）に対して、またもや読解力不足に基づく偏見で、言いがかりをつけてきた。それに山川がまた便乗してきた。

既に述べたことなので、簡単に確認するだけに留めるが、私が述べたのは、ソーカルやブリクモンが、あたかもボードリヤールが「水の記憶」を信奉し、それを前提にした論文を書いたかのように言っているのは誤読もしくは悪意によるねじまげであり、それを無条件に信じる山川等は読解力が根本的に欠如している、文系の院生崩れとは思えないくらいひどい、ということだ。

問題になっているボードリヤールの文章は、ごく短いノートのようなものであり、そこで彼が言っているのは、バンヴェニストの実験の元になった着想から、「歴史」をめぐる自らの考察を発展させるインスピレーションを得た、ということだけである。それもほんの少し言及しただけである。バンヴェニストの実験自体の成否と、その文章全体を通してのボードリヤールの主張の妥当性はあまり関係ない。

バンヴェニストがどこかのオカルトの教祖のような人だったら、その発言からインスピレーションを得たというのは多少引っかかるが、少なくとも経歴的には専門的な免疫学者で、一応『ネイチャー』に論文を執筆できるような人である。Skinnerianも山川も、単純な○×思考しかできないので、「偽科学と認定された論文を書いた奴を好意的に引用する奴＝偽科学の信奉者」と決めつけてしまったのだろう。

これだけ読解力が低い連中は、少なくとも人文系の分野で、まともな研究者としてやっていくことは不可能としかいいようがない。

そういう意味で私は、彼らを院生崩れもしくは学者崩れだと言っているのであるが、「リベラルの欺瞞 @libegiman」という中立を装った人物が、そういう言い方はひどい、そんな言い方をすると、哲学を志す者が引いてしまう、などといちゃもんを付けてきた。

私は山川等が、一度は大学院生になったはずなのに、他人の文章の引用・参照の仕方も、対象に従って様々な解釈の仕方があるということも、アカデミズムの中での評価の仕組みも全く理解していないようなので、「院生崩れ」と言ったのである。学問や評論について知ったかぶりをしていないのであれば、元院生かどうか、学者や評論家を志したことがあるかどうかは、全く関係ない。

前回も述べたように、山川等が、ロラン・バルトが認知科学や心理学に本格的に関心を持ち、認知科学・心理学的な意味での「ブランク・スレート」説を前提にして、エクリチュールや記号、モードに関するテクストを書いていたと本気で信じているのであれば、それを論文にして発表すべきである。

「バルトの記号論なんて、ブランク・スレート説に決まっているでしょ！」、というような雑な決めつけではなく、バルトの主要テクストや講義録にきちんと当たって、ロック以来、あるいは山川や祭谷が言うところでは、アリストテレス以来の「ブランク・スレート」説の継承者として論を組み立てている、と実証できれば、これまでの様々なバルト理解は根底から覆されるだろう。是非とも博士論文を書いて提出すべきだ。博士課程に在籍していなくても、主任として審査してくれる教員を見つけて、その大学に審査手数料として数万円支払えば、博士論文として審査してくれるはずである——無論、論文としての体裁を整えて提出することが前提だが。山川の母校である名古屋大の恩師や、サブカル系の同人誌やネットで知り合った大学教員に審査員になってくれないか、と問い合わせてみればいいではないか。

その博士論文が合格して、評判になれば、大学教員になる道が開けるかもしれない。それほど評判にならなかったとしても、「ブランク・スレート説で博士号を取得したぞ！」、と自慢して、東氏、千葉氏、私等の〝ポモ学者〟を見返すこともできるだろう。

また、指導を受けながら論文を修正し、審査を受ける過程で、アカデミズムの制度や論文の書き方についていろいろ学ぶことができるので、「俺はもう素人ではないぞ！」、と威張れるようになるかもしれない。審査を引き受けてくれる大学がなかったらなかったで、その論文を出版社やマスコミに持ち込んで、「ポモによって毒された日本のアカデミズムの偏狭さと堕落」を訴えればいいではないか。

そういう真っ向勝負をする勇気も能力もないのであれば、ネット上で、自称理系人間や論客ぶりたがるアニメ・オタク相手など、リテラシーが低い輩相手に、「ポモ＝ブランク・スレート」説なるものを説いて悦に入る、ただの院生崩れと言わざるを得ない。

ＮＨＫ「１００分de名著ハンナ・アーレント『全体主義の起原』」の反応

無論、私は大学教員の身分を持っていさえすれば、まともな研究者・教育者だと思っているわけではない。『FOOL on the SNS』で名前をあげた中大の大杉のように、不確かな情報・読解力に基づく無責任発言を繰り返す人間や、何も考えずに脊髄反射的に山川に同調してＲＴする、自称演劇研究者や自称社会学者のようなしょうもない輩もいる。最近また、山川レベルのバカ発言をする、法政大学の教員を見つけた。

この連載のちゃんとした読者は既に知っていることと思うが、私はＮＨＫのＥテレの番組「１００分de名著」で、九月に放送された「ハンナ・アーレント『全体主義の起原』」で講師を務めた。紹介する本の内容からして、放送でもテクストでも「右」の人たちから反発されそうな解説をしている箇所が多々あるが、「左」を刺激するような発言も若干している。

『全体主義の起原』の第二巻「帝国主義」を扱った第二回の最後に、「国民国家」にもポジティヴな面があるという話をした。学校教育を普及させ、効率的に組織化し、教育水準を高めるには、その国民の慣れ親しんでいる言語に統一するのが便利だし、軍隊や警察のように国のために命をかけて戦う人にとっては、守るべき同胞のイメージがはっきりしていた方がいい、ということがある、ということを言った。

それによって少数派の排除が起こりやすくなるのは確かだし、同じような顔をし、同じような価値観を持つたちだけから成る均質的な国民がベストだとも思わないが、人類の現状からしてある程度仕方ない面があると思ってそう言った――アーレント自身は「国民国家」の負の側面を強調しているが、「国民国家」を本来あってはならない排他的政治形態として全否定しているわけでもない。多少の「左」からの反発はあるかと思っていたが、あまり反応はなかった。

それだけに、selekt@selektballという人物による、肝心な所を捻じ曲げた、以下のような〝批判〟が際立った。

> ＮＨＫ「１００分で名著『全体主義の起源』（アーレント）」は側面情報による理解ができて面白いとは思うけど、諸々異論もあり。２回目で解説の仲正氏の言った「国民国家の（人種主義）にも良いところもあり、それがなければ警察・軍は命をかけられない（大意）」は全体主義の危険性そのものでは

国民国家を志向する「ナショナリズム」と、帝国主義から生まれてきた「人種主義」は全く異なるものである。『全体主義の起原』という本は、「左」の人たちがネガティヴな概念として安易に一緒くたにしがちの、「国家」「国民」「民族」「人種」「ナショナリズム」「ファシズム」「資本主義」「帝国主義」「全体主義」といった概念を丁寧に仕分けしたうえで、相互の関係を明らかにしていくところにその特徴があるわけだが、この男は、その肝心なところが分からないようである。自分が信奉する既成の雑な認識に引き戻してしまうのではアーレントを読む意味がない。「大意」

だと言って誤魔化しているが、自分の雑な理解を「大意」だと言って正当化していいのなら、いかようにも捏造できる。こいつは恐らく、「安倍こそ全体主義だ！」と連呼しなければ、満足しない、雑なサヨクなのだろう。

この男一人なら、無教養なくせにやたらにラディカルぶりたいサヨクのたわごとと思って無視してもよかったのだが、そこに法政大学社会学部教授という肩書を持つ、「大﨑雄二@yuji_george」という男が同調して、以下のようにツイートした。

> やっぱり……。毎回、何か所か引っかかる部分があって、そのたびに繰り返し見直して、「ウ〜ン」とうなっています。そうですよね、うん。

繰り返し見直した、と言っているが、こいつの頭と耳はどうなっているのだろう。本当に繰り返し見直したとしたら、こいつの精神状態を疑う。

いつ私が、「国民国家の人種主義」なるものを正当化したのか？　恐らく、「仲正などという俺の知らない奴に全体主義の解説ができるはずがない、真に全体主義を理解しているのは俺だ」、とでも——ある意味、新潟県の在特会ウヨク今井（『FOOL on the SNS』八一頁〜など参照）と同様に——思い込んでいるせいで、ねじ曲がって聞こえたのだろう。

しかもこの男が元NHK記者で、中国問題の専門家として中国の国民国家問題について論じているというのだから、本当に嫌になる。六十近くの男だが、こいつは記者としても学者としても基礎訓練がなっていなかったのではないか。この男のツイッターの過去ログを見ていると、どうもいろんな問題に首を突っ込んでは、自分のラディカルさを示すべく、他の左翼は言わないような、一風変わった発言をして悦に入っている奴のようだ。

この大﨑とselekt@selektballは、その後、拙著『ラディカリズムの果てに』（明月堂書店）に関する誰かのツイートを見つけきて、「ああ、やっぱり」と勝手に納得していた。恐らく、Eテレが間違えてウヨク学者を連れてきたとでも思ったのだろう。ちゃんと読んだ人には言わずもがなのことだが、念のために言っておく。

『ラディカリズムの果てに』は左翼的思想を持っている人全般を批判した本ではない。大﨑やselekt@selektballのような、無教養で口先だけの〝ラディカリズム〟で悦に入っているような、低レベルのサヨクの行状を分析した本である。

大﨑に対しては、「批判するのはいいが、その前にせめて、『国民国家の人種主義』というような、肝心の点に関する誤解を正してからにしてもらえませんか。それが学者やジャーナリストとしての最低限の作法でしょう」、ということをメールで伝えたが、一切応答なし。

大﨑やselekt@selektballは〝政治〟的には、山川ブラザーズとむしろ逆の路線なのだろうが、他人の発言を〝批判〟しやすい方に曲解し、間違いを指摘し訂正を求めても無視し、仲間内だけで勝手に盛り上がれてしまうメンタリティはよく似ているように思える。

大﨑がもし自分の発言に自信があるのなら、「古今東西の国民国家思想は、例外なく全て人種主義イデオロギーに基づいている」ことを論証する論文を書いて出版すべきである。

あるいは、それを明らかにするための番組企画を作って、古巣のＮＨＫに持ち込んでもいいだろう。それができないで、くだらない誹謗ツイートを続けるようだったら、まさに私が『ラディカリズムの果てに』でやり玉に挙げたような、ただの「かまってちゃんサヨク」である。

《著者紹介》

仲正昌樹（なかまさ・まさき）

1963年、広島県呉市出身。

1996年、東京大学大学院総合文化研究科地域文化研究専攻博士課程終了（学術博士）。

1995～1996年、ドイツ学術交流会給費留学生としてマンハイム大学に留学。帰国後、駒澤大学文学部非常勤講師（哲学・論理学）などを経て、2004年、金沢大学法学部（現法学類）教授。以来現在に至る。

著書
『金沢からの手紙』、『前略仲正先生ご相談があります』、『教養主義復権論』、『2012年の正義・自由・日本』、『＜ネ申＞の民主主義』、『寛容と正義』、『ラディカリズムの果てに』、『哲学は何のために』、『FOOL on the SNS』など。翻訳にハンナ・アーレント著『完訳カント政治哲学講義録』『アーレントの二人の師』（以上弊社刊）。

『貨幣空間』（世界書院）、『モデルネの葛藤』(御茶の水書房)、『ポスト・モダンの左旋回』（作品社）、『日常・共同体・アイロニー――自己決定の本質と限界』（宮台真司と共著、双風舎、2004年）、『集中講義！ 日本の現代思想』、『集中講義! アメリカ現代思想』(ともにNHKブックス)、『今こそアーレントを読み直す』、『マックス・ウェーバーを読む』、『ハイデガー哲学入門 『存在と時間』を読む 』(ともに講談社現代新書)、最新作『現代思想の名著30』（ちくま新書）など多数。他に、作品社による「仲正昌樹講義シリーズ」は『〈学問〉の取扱説明書』以来、最新刊『ハンナ・アーレント「革命について」入門講義』まで、九冊を数え、いずれも好評を得ている。

続《ぞく》FOOL《フール》 on《オン》 the《ザ》 S N S《エスエヌエス》
反ポストモダンに物申す

2018年3月25日　初版第一刷発行

著者
仲正昌樹

発行人
末井幸作

編集デザイン
杉本健太郎

発行・発売
株式会社 明月堂書店

〒162-0054東京都新宿区河田町3-15 河田町ビル3階
電話 03-5368-2327　FAX 03-5919-2442

website「月刊極北」http://meigetu.net「極北ラジオ」https://farnorthnetwork.com/

定価はカバーに記載しております。乱丁、落丁はお取り替えいたします。

ISBN978-4-903145-60-0 C0036

＊明月堂書店の本＊

アーレントの二人の師

ハンナ・アーレント著　仲正昌樹訳

四六判／上製／160頁／本体価格1600円＋税

」

レッシングそして、ハイデガー。
「真理」と「自由」をめぐるアーレントの思考に決定的な影響を与えた二人の「師」について語る研究者必読の二論文を収録。

収録論文
「暗い時代の人間性について」
「八〇歳のハイデガー」

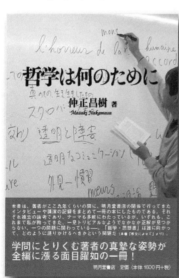